汉字承载的道理

刘德军　辑

民主与建设出版社

·北京·

图书在版编目（CIP）数据

汉字承载的道理 / 刘德军辑. — 北京：民主与建设出版社，2018.8

ISBN 978-7-5139-2277-7

Ⅰ. ①汉… Ⅱ. ①刘… Ⅲ. ①汉字—通俗读物 Ⅳ. ①H12-49

中国版本图书馆CIP数据核字（2018）第194327号

汉字承载的道理
HANZI CHENGZAI DE DAOLI

出版人 李声笑
作者 刘德军（辑）
责任编辑 刘树民
图书策划 秦 岗
书装设计 康笑宇 单明印
出版发行 民主与建设出版社有限责任公司
电话 （010）59417747 59419778
社址 北京市海淀区西三环中路10号望海楼E座7层
邮编 100142
印刷 河北鹏润印刷有限公司
版次 2018年10月第1版
印次 2018年10月第1次印刷
开本 880mm × 1230mm 1/32
印张 9
字数 152千字
书号 ISBN 978-7-5139-2277-7
定价 49.80元

心正则字正

汉字体现了中国人的智慧，世界上没有哪种文字可与汉字相媲美。

汉字是精巧的，它的精巧不单就整体结构而言，同时也包含构成这一整体的每一个部件。

汉字是有力量的。相传仓颉造字，“天雨粟，鬼夜哭”。一般的解释是上天呈现祥瑞，降下粟米加以庆贺；神鬼夜里哭泣，因为它们的过恶不再隐匿不彰。而实际意思却不是这样。在古人看来，因为有了文字，人们将不再淳朴，诈伪萌生，弃耕种之本而追逐锥刀之利。本业荒废，人必挨饿，上天有好生之德，故降下粟米，以示警告。人将无所顾忌，搬弄文字是非以致黑白莫辨，故神鬼夜哭以示哀愍。这就是孔子作《春秋》而乱臣贼子惧，一字之褒，荣于华衮；一字之贬，严于斧钺；“人生识字忧患始”的原因。

汉字是体道的，它承载的是自然造化之秘，天地动静之理，透露的是事理的升降、人生的通穷，界限的是善恶黑白。

这本书列举了七十个小故事，大体分为两个部分，一部分属于机智类，展现的是古人的才思敏捷；一部分属于机妙类，即通过文字的表象，以展现事物真实道理。二者虽然侧重不同，但指向是一致的：正心。柳公权所谓“心正则字正”，说出了全书的宗旨。

“正心”是中国传统文化的根本所在，是衡量一切学问、事物的标尺。背离了这一宗旨，学问将不再真实不虚；事物将成为颠倒梦想。所以古人反复强调“再三须用意，第一莫欺心”就是这个道理。

每个故事都很简短，读者用五分钟左右就可以看完一篇。但希望读者能再用五分钟仔细想想其中的道理，这样或许会有意外的收获。

本书后附《字触》白话节选及《奚囊寸锦》节选，前者是字学名著，后者为文字游戏之作，以作为阅读的调剂。

目　录

汉字承载的道理

柳公权写字秘法：心正则字正

柳公权（778 ~ 865），唐代著名书法家。他的书法初学王羲之，后吸取众家之长，自创“柳体”，与欧阳询、颜真卿、赵孟頫并称“楷书四大家”。

唐穆宗很喜欢书法，看到柳公权字写得很好，便问道：“你的字为什么能写得这么好呢？”柳公权说：“写字虽然靠的是手，但用笔确在内心。内心端正，那么写出的笔画自然就端正了。”唐穆宗听了这话，不觉肃然起敬。

柳公权一生为官，少有过失，究其原因便在于“心正”二字。

正

穆宗见翰林学士柳公权书，独爱之，问曰：“卿书何能如是之善？”对曰：“用笔在心，心正则笔正。”上默然改容，知其以笔谏也。（明·张居正《帝鉴图说》）

薛综巧思：“虫入肚”与“口天吴”

三国时期，蜀国的刘备与吴国的孙权结盟以对抗魏国的曹操。一次，刘备派张奉出使吴国，在孙权面前嘲讽吴国尚书阚泽的姓名，阚泽不能答对。一旁的薛综下座进酒，说：“‘蜀’是什么呢？有‘犬’是‘独（獨）’，没‘犬’是‘蜀’，横‘目’‘苟’身，‘虫’入肚腹。”张奉说：“不应当再说说‘吴’吗？”薛综应声答道：“没‘口’为‘天’，有‘口’为‘吴’，君临万邦，天子之都。”张奉无言以对。

阚泽，字德润，官拜侍中。当初魏文帝即位，孙权问群臣：“曹丕以壮年即位，恐怕我不能和他相比，各位怎样看？”群臣没有回答，阚泽说：“不过十年，曹丕就会死，大王不用担心。”孙权说：“你如何知道的呢？”阚泽说：“从字上说，‘不十’合成‘丕’字，这就是他的运数。”过了七年，曹丕果然死了。

蜀

蜀使张奉于孙权前嘲尚书阚泽姓名，泽不能答。薛综下行酒，因曰：“‘蜀’者何也？有‘犬’曰‘独’，无“犬’为‘蜀’，横目苟身，虫入其腹。”奉曰：“不当复列君吴邪？”综应声曰：“无口为天，有口为吴。君临万邦，天子之都。”奉无以对。（清·周亮工《字触·卷五·谐部》引《三国志》）

门上写了个“凤”字

嵇康是魏晋时期著名的文学家，“竹林七贤”之一。吕安与他关系很好，每每思念，虽隔千里也要前往。一次，吕安前来拜访，不巧嵇康不在家。嵇康的兄长嵇喜出门迎接，请吕安进屋，吕安不进，只在门上写了一个“凤（鳳）”字便离开。嵇喜很高兴，对吕安的字十分欣赏，近前看看，又退后看看，可当在远处看这字时，他才发现，原来这字拆开是“凡鸟”二字。

唐朝也有一个相似的故事，有一个叫李安义的人拜谒富人郑生，郑的家人推辞说其外出了，李安义在门上写了一个大大的“午”字后离开。有人问原因，李安义说：“这是‘牛’不出头呀。”正是嘲讽郑生如牛俯首藏头，不肯出来见面。

嵇康与吕安善，每一相思，千里命驾。安复来，值康不在。喜出户，延之不入，题门上作“凤”字而去。喜不觉，犹以为欣。离视凤字，凡鸟也。（《晋书·嵇康传》）

君子劳心与小人劳力

后魏高祖拓跋宏给儿子起名，叫：恂、愉、悦、怿。他的大臣崔光给儿子起名，叫：励、勖、勉。拓跋宏对崔光说：“我儿子名字旁都有个‘心’，你儿子名字旁都有个‘力’。”崔光答道：“这正是：君子劳心，小人劳力。”高祖很高兴。崔光的这句话出自《左传·襄公九年》，意思是君子从事脑力劳动，小人从事体力劳动。

后魏高祖名子，曰恂、愉、悦、怿。崔光名子，曰励、勖、勉。高祖谓光曰：“我儿名旁皆有心，卿儿名旁皆有力。”答曰：“君子劳心，小人劳力。”（宋·刘敞《南北朝杂记·崔光》）

打算戏弄人，反遭神童戏

贾嘉隐七岁以神童身份受到唐太宗的召见。李勣在朝堂戏弄道："我所倚靠的是什么树？"嘉隐说："松树。"李勣说："这是槐树，为什么说是松树呢？"嘉隐说："以'公'（代指李勣）配上'木'，难道不是'松'吗？"长孙无忌又问："我所倚靠的是什么树？"嘉隐说："槐树。"长孙无忌说："你可不能改呀！"嘉隐说："为什么要改呢，我只是取'鬼'（讽刺长孙无忌）配'木'之意。"李勣说："小儿长得这么难看，为什么这么聪明呢？"嘉隐说："猴头都能做宰相，难看怎么就不能聪明呢？"李勣长得像猴儿。李勣便是小说《隋唐演义》里的徐懋功，"李"是唐高祖李渊所赐。为凌烟阁二十四功臣之一。长孙无忌与唐太宗是布衣之交，后又结为姻亲。二人打算戏弄贾嘉隐，没想到反受嘲弄。

松

贾嘉隐七岁以神童召见。李勣于朝堂戏曰："吾所依何树？"嘉隐曰："松树。"李曰："此槐树也，何言松？"嘉隐曰："以公配木，得非松？"长孙无忌复问："吾所倚何树？"曰："槐树。"曰："汝不能矫邪！"隐曰："何须矫对，但取其鬼木耳！"李曰："小儿作獠面，何得如此聪明？"隐曰："胡头尚作宰相，獠面何废聪明？"李状胡也。（清·周亮工《字触·卷五·谐部》引《大唐新语》）

无米无穴，精穷而已

仁和的王健庵先生，是随园老人袁枚的外甥。家里很穷，到老也只是个秀才。平日里喜欢作诗，标格不求高远，但对用字格外用心，务求精简净洁。如《偶成》："萝添老树衰时叶，云补青山缺处峰。"《自遣》："妻兼婢事休嫌懒，女比儿柔不厌多。"《咏鼠》："怪它两眼小于漆，长看世人梦未醒。"颇有元人风味。晚年自号"青躬道人"，人们不明所以，故而询问，健庵回答道："无米无穴，精穷而已。"其风趣如此。

躬

仁和王健庵先生，随园老人之甥也。家贫，以诸生老。……晚年自号青躬道人，或问其故，曰：“无米无穴，精穷而已。”其风趣如此。（清·梁绍壬《两般秋雨盦随笔》卷上）

孚：求来的名字，结果是个玩笑

贺知章（659 ~ 744），唐代诗人、书法家。晚年自号“四明狂客”。为人旷达不羁，好酒，素有盛名，86岁告老回吴中老家时，唐玄宗对他十分器重，优待异于他人。他的《回乡偶书二首》广为人知：

少小离家老大回，乡音无改鬓毛衰。
儿童相见不相识，笑问客从何处来。

离别家乡岁月多，近来人事半消磨。
惟有门前镜湖水，春风不改旧时波。

贺知章将要离开，哭着与皇帝告别，皇帝问：“你还有什么要求吗？”知章说：“我儿子还没起名字，希望您能赐名，回去后也可以荣耀乡里。”皇帝说：“修道的关键在于信。孚，就是信的意思。笃守信义，思念和顺。

你的儿子一定是守信和顺的人，最好名为‘孚’。”知章再次礼拜领命。很久以后，贺知章对他人说：“皇帝为什么拿我开玩笑呢？吴地之人将‘孚’叫作‘爪下子’，难道叫我为‘爪子’吗？”爪子的意思是蠢材，笨蛋。

贺知章秘书监有高名，告老归吴中，上嘉重之，每别优异焉。知章将行，涕泣辞上，上曰：“何所欲？”知章曰：“有男未有定名，幸陛下赐之，归为乡里荣。”上曰：“为道之要莫若信。孚者信也，履信思乎顺。卿子必信顺之人也，宜名之曰孚。”知章再拜而受命。久而谓人曰：“上何谑我邪？吴人谓孚乃爪下子，岂非呼我为爪子邪？”（唐·郑綮《开天传信记》）

周櫟園先生輯
字觸
吳門種書堂鐫

《字触》是清代周亮工所辑的一本文字学著作，本书后附其部分白话内容

斧子：天下诗名归杜家，不如剁手

杜甫二儿子叫杜宗武，写诗给阮兵曹。阮兵曹回了一把石斧，让使者连同原诗一并带来。宗武说：“‘斧’字拆开就是‘父斤’，兵曹这是让我把诗给我父亲看，让他加以修改呀。”不久，阮兵曹听说此话，说：“不是的，我的意思是让他把手剁掉，这只手要是存在，天下善于作诗的名声又要落在杜家了。”

杜甫子宗武，以诗示阮兵曹。兵曹答以石斧一具，随使并书还之。宗武曰：“斧，父斤也。兵曹使我呈父，加斤削也。”俄而阮闻之曰：“误矣。欲子斫断其手，此手若存，天下诗名又在杜家矣。”（后唐·冯贽《云仙杂记》卷七）

题诗青龙寺：别惹读过书的人

唐朝末年时，有客人到青龙寺看望知事僧，正赶上他有事，匆忙离开，没有时间接待。第二天，客人前来，赶上知事僧要招待重要官员。客人第三次前来，知事僧也因有事没法见面。客人很是生气，在大门上题诗离开，诗为："龛龙去东海，时日隐西斜。敬文今不在，碎石入流砂。"知客僧都不知什么意思。有个沙弥说："'龛'的'龙'去掉后，剩下'合'字。时（時）的'日'隐去，剩下'寺'字。'敬'的'文'不在了，剩下'苟'字。'碎'的'石'沉入沙中，剩下'卒'字。这是不逊之言，在骂我们呢。"

乾符末，有客于青龙寺访知事僧，属其匆遽不暇留连。翌日至，又遇要地朝客。后时复来，亦阻他事。颇有怒色，题其门而去，曰：“龛龙去东海，时日隐西斜。敬文今不在，碎石入流砂。”僧皆不解，有沙弥曰：“龛龙去，有合字存焉。时日隐，有寺字存焉。敬文不在，有苟存焉。碎石入砂，有卒成焉。此不逊之言，辱我曹矣。”（清·周亮工《字触·卷五·谐部》引《太平广记》）

这句玩笑真吓人

五代时，有一个叫郭忠恕的，嘲笑聂崇义说：“接近贵人只是因为昏聩，攀附真龙只是因为耳聋。虽然你有三个耳朵，怎奈就是不能聪明。”聂崇义随声答道：“别笑话我有三个耳朵，又怎像你包藏二心呢？”三耳是“聶（聂）”字，“二心”指“忠恕”都是心字底。

郭忠恕嘲司业聂崇义云：“近贵全为聩，攀龙只是聋。虽然三个耳，其奈不成聪。”聂应声曰：“莫笑有三耳，何如蓄二心？”（清·周亮工《字触·卷五·谐部》引《宋史》）

波乃水之皮

宋代的王安石与苏东坡颇有往来。一天，苏东对王安石说：“丞相思虑深远，文字精深，我不敢探知，只怕每每牵强附会，学者承袭这一风气，就会处处穿凿。姑且以‘犇（bēn）、麤（粗）’二字举例，牛的身体比鹿壮实，鹿的行动速度比牛快，现将三‘牛’合为‘犇’，三‘鹿’合为‘麤’，而意思正好相反，这是为什么呢？”王安石无言以对。王安石在所著《字说》中，对“波”字的解释是：“‘波’乃是水的‘皮’。”苏轼诘难道：“那么，‘滑’就是水的‘骨’吗？”

荆公《字说》:“波乃水之皮。”东坡曰:“然则滑乃水之骨乎?”(清·周亮工《字触·卷五·谐部》)

攽：分文不值

宋代的刘攽（bān）与王安石是老熟人，王安石戏拆刘攽的名字说：“刘攽不值‘分文’。”刘攽也拆解王安石的名字说：“‘安石’二字，没有‘女’便成了‘宕’；没有‘宀’就成了‘妒（妬）’；‘安’‘石’连笔相交，与‘真如’二字相混淆；上部很容易让人认成‘宁’字。”王安石很惭愧。又，刘攽嘲笑王觌（dí）：“你为什么要‘见卖’自己呢？”王说：“如果卖你，那就‘分文’不值了。”

攽

刘攽与王安石最为故旧，王戏折刘名曰：“刘攽不值分文。”刘亦折王名曰：“失女便成宕，无宀真是妒，下交乱真如，上头误当宁。”王大渐。又刘攽嘲王觌：“汝何故见卖？”王曰：“卖汝直甚分文。”（清·周亮工《字触·卷五·谐部》）

玉女：欧阳修的幽默

韩缜（zhěn），字玉汝。一天，他向欧阳修求字，欧阳修用一张小纸写了“玉女”二字送去，韩缜看后很不高兴。第二天，两人见面，韩缜还带着不快之色。欧阳修说：“这个字的出处并没有‘水’呀，您又何必生气呢？”说完拿笔把三点水（氵）加上，二人相视一笑。《诗经·大雅·民劳》中“王欲玉女”的“女”，读音为“汝”。“玉女”的意思是“像喜爱宝玉般珍爱”。

韩庄敏公缜求字于欧阳文忠公，公以小合幅纸书“玉女”二字送去，庄敏不乐。明日相见，犹有愠色。文忠公曰：“出处无点水也，君何怪耶？”取笔添女三点水，相与一笑。盖《诗》中“玉女”，但音作汝也。前辈亦雅戏若此。（清·周亮工《字触·卷五·谐部》引《桐阴旧话》）

“皛”饭就是三白饭

苏东坡曾对刘攽说：“我与弟弟学习科考课程时，每天享受‘三白’，很是好吃，从此不再相信世上有珍馐美味了。”刘攽问：“什么是‘三白’？”东坡说：“一撮盐、一碟萝卜、一碗白饭。”刘攽大笑。过了几天，刘攽写信请苏东坡吃“皛（xiǎo）饭”。东坡笑了笑，没想起之前的对话，对他人说：“刘攽读书多，‘皛饭’一定有出处。”等到赴宴，见案上摆着萝卜、盐、白饭三样，立刻明白刘攽以“三白”相戏弄。不过东坡还是很高兴地把这顿饭吃完了。告辞时，对刘攽说：“明天可到我府，我设‘毳（cuì）饭’招待。”刘攽知道他要搞鬼，可一时也不知“毳饭”是个什么东西。第二天，刘攽前往，聊天过了中午，还没见摆吃食。刘攽很饿，要求开饭。苏东坡说：“稍等。”刘攽提议三四次，苏东坡都这样回答。刘攽说：“不行了，我饿得实在受不了了，我要吃饭。”苏东坡慢条斯理地说：“盐也毛，萝卜也毛，饭也毛，不就是‘毳’吗？”刘攽捧腹大笑道：“我就知道你要报当日之仇，可没想到会是这个样子。”苏东坡这才让人上饭，刘攽很晚才离开。

宋时，将“无”读为“模”，又讹“模”为“毛”，由于“无”“毛”读音相同，才有了苏东坡的“毳”饭，这也是刘攽没想到的。

东坡尝与刘贡父言："轼与舍弟习制科时，日享三白，食之甚美，不复信世间有八珍也。"贡父问三白何物？答曰："一撮盐，一碟生萝卜，一碗饭，乃三白也。"贡父大笑。久之，以简招坡过其家吃"皛"饭。坡不省忆尝对贡父"三白"之说也。谓人云："贡父读书多，必有出处。"比至赴食，见案上所设，唯盐、萝卜、饭而已。乃始悟贡父以三白相戏，笑投匕箸，食之几尽。（南宋·朱弁《曲洧旧闻》卷六）

奚囊寸錦

錦目

《奚囊寸锦》是一部游戏文字之作，虽无深刻含义，却见古人巧思

蔡京一句“围皇帝”，吴倜当官无望

北宋崇宁年间，徽宗皇帝问蔡京：“你住在杭州，认识推官（掌管推勾狱讼的官员）吴倜（tì）吗？现今有大臣推荐，我打算任命他官职。”蔡京平日嫉恨吴倜，回答道：“认识。此人傲慢无礼，目无君上。”徽宗大惊，说：“此话怎讲？”蔡京说：“吴倜知道陛下名讳，而不肯更改。”说着用手把“倜”字的“冂”描了一下。徽宗沉默不乐。不久，推荐人知道了皇帝的意图，不再提吴倜的事。徽宗名佶，所以有此说。

倜

崇宁间，上问蔡京：“居杭，识推官吴倜乎？今以大臣荐，欲除官。”京素恨倜，对曰：“识之。其人儌狠无上。”上惊曰：“何也？”曰：“吴知陛下御讳，而不肯改。”乃以一圈围之。上默然不怿。未几，言者承风旨论罢。按：徽宗名佶，故云。（清·周亮工《字触·卷五·谐部》引《齐东野语》）

古人造字，依从便利原则

苏州人李璋善于戏谑，偶然去邻家赴宴，主人虽然富有可十分吝啬，排座次时，刚好在李璋旁边。等到吃饭，李璋看到主人面前的鲑鱼很大，便对主人说：“我与您，都是苏州人。每每看到人们写‘苏（蘇、蘓）’字不一样，不知‘鱼’在左边对呢？还是在右边对呢？”主人说：“古人造字，不拘于一个字体，依从便利原则，可以适当移动。”李璋伸手将主人面前的鱼拿起来，对大家说：“有了主人的指挥，今天左边的鱼也可以依从便利原则，权且移到右边来。”在座人等全都喷饭大笑。

李璋有《下第诗》：“浩荡宫门白日开，君王高拱试群才。学如吾子何忧失，命属天公不可猜。意气未宜轻感慨，文章尤忌数悲哀。男儿独患无名尔，将相谁云有种哉！”名动一时。

姑苏李璋敏于戏调，偶赴邻人席，主人者虽富而素鄙，会次，适李旁。既进食，璋视主人之前鲑鱼大，璋即谓主人曰：“璋与若，苏人也。每见人书‘苏’字不同，不知鱼在左边是，在右边是？”主人曰：“古人作字，不拘一体，从便移易耳。”璋引手取主人之鱼示众曰：“领主人指挥，今日左边之鱼亦合从便，权移过右边。”一座辍饭而笑。（清·周亮工《字触·卷五·谐部》）

"矗"字三个"直"，正直人难容

明朝有一个叫陈询的，每次喝醉时，遇到看不惯的事情，以及他人过错，便要当面指出。在翰林院时，得罪了一个权贵，贬到其他地方为同知（明清时官名，知府的副职）。同僚陈循、高榖（gǔ）等人为他送行，有人提出行酒令，各用两个字依韵相押，最后以诗书中的一句作结尾。陈循说："'轰（轟）'字三个车，'余斗'字成'斜'。车车车，远上寒山石径斜。"高榖说："'品'字三个口，'水酉'字成'酒'。口口口，劝君更尽一杯酒。"又一人说："'犇'字三个牛，'田寿'字成'畴'。牛牛牛，将有事乎田畴。"陈询云："'矗'字三个直，'黑出'字成'黜'。直直直，焉往而不三黜。"在座的人全笑了。"将有事乎田畴"出自陶渊明的《归去来兮辞》，一般代指归隐。"焉往而不三黜"，语出《论语·微子》。全句为"直道而事人，焉往而不三黜"，意为：正直地服事人主，到哪里不都会被多次免职吗？

矗

云间陈祭酒询每酒酣耳热，有不平事，及人有过，辄面发之。在翰林时，忤一权贵，出为州同。同僚祖行，有倡酒令，各用二字分韵相协，以诗书一句结之。陈学士循云：“轰字三个车，余斗字成斜。车车车，远上寒山石径斜。”高学士穀云：“品字三个口，水酉字成酒。口口口，劝君更尽一杯酒。”又一人云：“犇字三个牛，田寿字成畴。牛牛牛，将有事乎田畴。”陈云：“矗字三个直，黑出字成黜。直直直，焉往而不三黜。”合席大笑。（明·冯梦龙《古今谭概·梅郭二令相同》）

虎落平阳被犬欺

四川人杜渭江，曾作麻城县令，为官执法不敢徇私舞弊。一天宴请乡绅，梅西野提议行酒令，要求中拆开一个字且加入两句俗话。梅西野说："单'奚'也是'奚'，加点也是'溪'。除去'溪'边点，加'鸟'却为'鸡'。俗话说：得志猫儿雄似虎，败翎鹦鹉不如鸡。"毛石崖说："单'青'也是'青'，加点也是'清'。除却'青'边点，加'心'却是'情'。俗话说：火烧纸马铺，落得做人情。"杜渭说："单'相'也是'相'，加点也是'湘'。除去'湘'边点，加'雨'便为'霜'。俗话说：各人自扫门前雪，莫管他家瓦上霜。"又说："单'其'也是'其'，加点也是'淇'。除却'淇'边点，加'欠'便为'欺'。俗话说：龙游浅水遭虾戏，虎落平阳被犬欺。"

蜀人杜渭江朝绅，令麻城，居官执法，不敢干以私。一日宴乡绅，梅西野倡令，要拆字入俗语二句。梅云：“单奚也是奚，加点也是溪。除去溪边点，加鸟却为鸡。俗语云：得志猫儿雄似虎，败翎鹦鹉不如鸡。”毛石崖云：“单青也是青，加点也是清。除却青边点，加心却是情。俗语云：火烧纸马铺，落得做人情。”杜答云：“单相也是相，加点也是湘。除去湘边点，加雨便为霜。俗语云：各人自扫门前雪，莫管他家瓦上霜。”又云：“单其也是其，加点也是淇。除却淇边点，加欠便为欺。俗语云：龙游浅水遭虾戏，虎落平阳被犬欺。”（明·冯梦龙《古今谭概》卷二九）

中华传统文化对“人”的认识

“人”字左边一画向上，代表阳；右边一画向下，代表阴。水火木金，全都具备这两画，以表示“阴阳”的意思。那“土（圡）”为什么不这样呢？这是因为阴阳的意思，附着于四物（水火木金）之中，所以五行都有土，而土又具备其他四物。中央一竖，这不就是“水”的一部分吗？旁边一点，这不就是“火”的一部分吗？一横一竖，这不是“木”的一部分吗？整个“土”字，不正是“金”的一部分吗？《礼记》说：“所谓人，阴阳相交，五行纯粹之气所产生。”周敦颐说：“五行本于阴阳。”

人字左画向上，阳也；右画向下阴也。水火木金，皆具此二画者，盖阴阳之义也。土则何以不尔？以阴阳之义，著于四物耳，故五行皆有土，而土于四物咸备焉。中央一直，非水之体乎？偏旁一点，非火之体乎？一直一横，非木之体乎？全体所具，非金之体乎？《礼》曰："人者，阴阳之交，五行之秀气也。"周子曰："五行一阴阳，以此。"（清·周亮工《字触·卷六·说部》）

古人认为:“富”从田中来

古人认为国家想要富强，只有注重农业。所以周人将辛苦耕作视为帝王基业的根本，秦人因努力耕田而获得封赏，汉人因努力耕作而可举荐为官。观察古人造字，“富”从田，说的是“富”从田中来。“田”字上有“一”和“口”，说的是有田的人。另外，以田为生的人很少奢侈。

富

古人殷润家国，惟贵务农。故周人以稼穑艰难为王业根本，秦人以力田受爵赏，汉人以力田应辟举。观古人制字，富从田，言富自田起也。田以一口，言有田之人。又贵食之者寡也。（明·敖英《绿雪亭杂言》）

靖康

太史杨钦时，一听说宋钦宗将年号定为“靖康”，便对人偷偷地讲：“此后十二个月，康王（即宋高宗赵构）将即位。”因为“靖”字是由“十二月立”构成，年号中又有“康”字。后来果如其言。宗泽知道杨钦时精通术数，于是向朝廷推荐。钦时后被俘，死于北上途中。

对于年号，历代帝王都很重视。熙宁末年，宋神宗改换年号，近臣拟了“丰亨”进呈，神宗指着“亨”字说：“这是‘子’不成呀，可以去掉‘亨’而加‘元’字。”故此改为“元丰”纪年。宋哲宗即位，年号“元祐”，当时就有人说：“此朝各取仁宗嘉祐、神宗元丰之半，故治理之法亦各取一半。”

太史杨钦时，见靖康改元，即密语人曰：“后十二个月，康王立。”盖“靖”字从十二月立，又有“康”字也。后如其言。宗泽知其术数之精，荐之于朝。（宋·张知甫《张氏可书》）

困扰整个唐代的“绯衣小儿”

唐代的裴炎，为中书令。徐敬业打算反叛，让骆宾王谋划，把裴炎拉拢过来一同起事。骆宾王脚登着墙，仔细想了一顿饭的工夫，便做歌谣：“一片火，两片火，绯衣小儿当殿坐。”并让裴炎庄园里的小孩儿跟着唱，一时间都城里的小孩都会了。裴炎便找学者为其破解。找到骆宾王时，裴炎几次许以宝物丝绸，骆宾王不说；又以音乐、妓女、骏马相贿赂，骆宾王还是不说。裴炎便将古代忠臣烈士图像拿出来与骆宾王一起观看。当看到司马懿时，骆宾王突然起身说道：“这才是真英雄、大丈夫呀！”随即说古代大臣执政，大多更移社稷，取而代之。裴炎大喜。骆宾王说：“只是不知童谣是怎样的。”裴炎便将歌谣说与骆宾王听，骆宾王立即下座，面向北礼拜道：“这才是真天子。”于是裴炎与徐敬业合谋，徐敬业从扬州起兵，裴炎从中央响应。在给徐敬业一干人等的书信中，裴炎只写了“青鹅”二字。有人告发，朝廷内外无人能解释。武则天说："'青'字，为'十二月'，'鹅（鵝）'字，为'我自与'（我自然参与）。"于是诛杀裴炎，不久，徐敬业兵败。

裴

裴炎为中书令时，徐敬业欲反，令骆宾王画计，取裴炎同起事。宾王足踏壁，静思食顷，乃为谣曰："一片火，两片火，绯衣小儿当殿坐。"教炎庄上小儿诵之，并都下童子皆唱。炎乃访学者为解之。召宾王至，数啖以宝物锦绣，皆不言。又赂以音乐、妓女、骏马，亦不语。乃将古忠臣烈士图共睹之，见司马宣王，宾王欻然起曰："此英雄丈夫也！"即说自古大臣执政，多移社稷。炎大喜。宾王曰："但不知谣谶何如耳。"炎以谣言"片片火绯衣"之事白之，宾王即下，北面而拜曰："此真人矣。"遂与敬业等合，扬州兵起，炎从内应。与敬业等书，惟有"青鹅"字。人有告者，朝廷莫之能解。则天曰："'青'者十二月，'鹅'者我自与也。"遂诛炎，敬业等寻败。（唐·张鷟《朝野佥载》卷五）

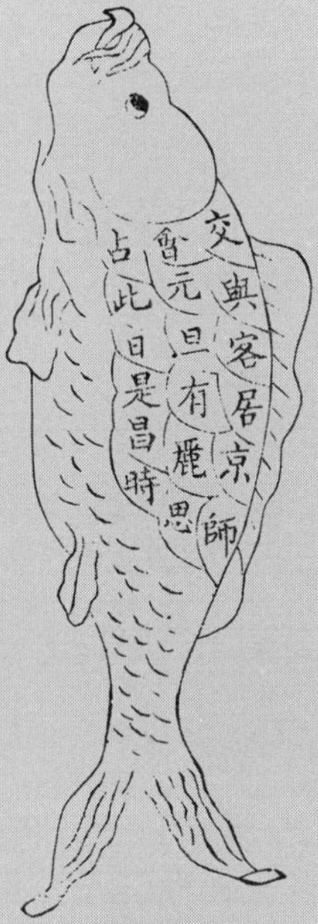

鱼书[①]

三言诗一首。加“鱼”旁则为鱼，去“鱼”旁则为诗。

交與客，居京师。会元旦，有丽思。占此日，是昌时。

---

① 此诗加“鱼”字旁，便成为十八种鱼的名称，分别是：鲛（jiāo）、𫚈（xù）、䲀（é）、鮔（jù）、鲸、鲺（shī）、鲙（kuài）、魭（yuán，同“鼋”）、鳣（shàn，同“鳝”）、鲔（wěi）、鲡（lí）、鳃（sāi）、鲇（nián）、鮆（cǐ）、鲁、鳀（tí）、鲳（chāng）、鲥（shí）。

青牛与赤虎：一首诗道破了唐代一场变乱

泽潞地区（今山西、河北地区）有僧人，名叫普满，说事情往往灵验。唐代建中初年，在潞州住所题诗："此水连泾水，双珠血满川。青牛将赤虎，还号太平年。"题诗后，人们不知是什么意思。等到幽州的朱泚起兵，大家才解悟。"此水"，为"泚"字。"泾水"，自泾州起兵叛乱。"双珠"，指的是朱泚与朱滔。"青牛"，唐德宗兴元二年岁在乙丑，乙是木，在颜色为"青"，丑是牛。第二年改年号"贞元"，岁在丙寅，丙是火，在颜色为"赤"，寅是虎。至此叛军已然平定。

泽潞有僧号普满，言事往往有验。建中初，于潞州舍中题诗云：“此水连泾水，双珠血满川。青牛将赤虎，还号太平年。”题诗后，人莫能知。及贼泚称兵，众方解悟。此水者，“泚”字也。泾水者，自泾州兵乱也。双珠者，泚与滔也。青牛者，兴元二年乙丑岁，乙者木，丑者牛也。明年改元贞元，岁在丙寅，丙者火也，寅者虎也。至是贼已平。（清·周亮工《字触·卷一·庋部》）

谢小娥：通过解梦为父亲与丈夫报了仇

谢小娥十三岁时，嫁给大商人任华。父亲谢升与任华前往长沙贸易。小娥忽然梦到父亲哭着说："我与你的丈夫在湖中遇到贼人，杀我的是车中猴，门东草。"梦到任华哭着说："杀我的是禾中走，一日夫。"梦醒，四处寻找能解梦的人。有洪州使君李公佐告诉她："杀你父亲的是申兰，杀你丈夫的是申春。因为猴生于申，'车（車）'字去掉两头为'申'字；门东草，这是'兰（蘭）'字；禾中走，穿过田地，也是'申'字；'一日'加'夫'，这是'春'字。"于是，谢小娥更换男装，遍走江湖，打听到有一个村庄叫申郁。郁中有申春兄弟，故而前往请求作帮佣，过了一年多，终于知道这便是杀其父亲丈夫的大盗。等到二盗贼饮酒大醉，谢小娥赶紧招呼邻居将他们捕获。官府审问，伏法，按律定罪。之后，谢小娥出家，仍叫小娥，以示不忘本。

谢小娥年十三，初嫁大贾任华。父升与华往长沙贸易。忽梦父泣谓曰：“吾与汝夫湖中遇贼，杀我者，车中猴，门东草。”梦其夫泣曰：“杀我者，禾中走，一日夫。”梦觉，遍访能解。有洪州使君李公佐教之曰：“杀汝父，申兰也。杀汝夫，申春也。盖猴申生，车去两头为申字，门东草为兰字；禾中走，穿田也，亦申字；一日加夫为春字。”小娥乃易男服，泛江湖，询访有申邨。邨中有申春兄弟，因往求佣，年余乃知其为杀父夫之盗。俟二盗饮酒醉，小娥急呼邻人捕获之。词伏，就法定罪。小娥乃出家为尼，仍名小娥，示不忘本也。（清·周亮工《字触·卷一·庋部》）

古人造字也会出错

锦屏县有女个女子叫叶佩纕，年少时便聪明过人。七岁随老师读书，对于所读之书，常有奇妙解读。她曾对老师说：“古人造字，大多采用会意、象形之法，可有时也会有错误。”老师问所指为何，叶佩纕说：“‘矮’字明明指的是‘委’之于‘矢’，应当读作‘射’；‘射’字明明指的是‘寸身’，应当读作‘矮’。今两字意思颠倒，难道不是古人的错误吗？”老师听事，感到惊奇。于是对叶佩纕的父亲说：“汉时扬雄之子童乌，小时候很聪明，九岁便能帮着扬雄著《太玄经》。现今女公子慧性不亚于童乌呀。”叶父听了老师之言，忧心忡忡地说：“童乌虽然很聪明，但寿命不长。我担心我这颗如意宝珠不能常擎手中呀。”叶佩纕死时，年方十六。

矮

锦屏女子叶佩纕，有夙慧，七岁就傅读书，通妙解。尝谓师曰：“古人造字，会意象形，而有时亦多误处。”师询其指，曰：“矮字明系委矢，宜读如射。射字明系寸身，宜读如矮。今颠倒字义，岂非古人之误欤？”师奇之。（清·沈起凤《谐铎》卷七）

井底一竿竹：军士的急智

唐宪宗元和元年，淮西军帅吴少诚死了，其子吴元济不听朝廷命令。元和十三年，召裴度前去攻打。裴度一到淮西，令筑城官兵深挖壕沟，挖掘过程中得到一块石头，上有铭文："井底一竿竹，竹色深绿绿。鸡未肥，酒未熟，障车儿郎且须缩。"裴度得到此石，给下属看，让他们讲讲是什么意思，大家都不知道。一会儿，有一个兵卒从队伍中跳出来，称贺道："吴元济这下要被抓住了。"裴度很吃惊，赶紧询问，兵卒说："石铭就是兆头。'井底一竿竹，竹色深深绿'这句，吴少诚从行伍间的一个小卒，以至拥兵十万，为一方军帅，这是比喻他的荣华。'鸡未肥'，这是没肉；'肥'除去'肉'，为'己'字。'酒未熟'，这是无水；'酒'除去'水'，为'酉'字。'障车儿郎'，表示士兵。'且缩'，说的是宜退守其所。由此言之，则为'己酉日当成擒'。如果没到时间，可以等待。"裴度十分感叹。

这一年冬十月，李愬生擒吴元济，核对时日，果然是己酉。于是，裴度更加奇异于这个兵卒的辩才，提升他为裨将。

元和元年，淮西帅吴少诚死，子元济拒命。十三年，召裴度将击焉。度既至，因命封人深池濠，发地得石，上有铭文曰："井底一竿竹，竹色深绿绿。鸡未肥，酒未熟，障车儿郎且须缩。"度得之，以示从事，令辨其义，咸不能究。俄有一卒，自行间跃而贺曰："吴元济成擒矣。"度惊讯之，曰："石铭其兆也。'井底一竿竹，竹色深深绿'者，吴少诚由行间一卒，遂拥十万兵，为一方帅，喻其荣也。'鸡未肥'，无肉也。'肥'去'肉'为己。'酒未熟'，无水也。'酒'去'水'，为'酉'。'障车儿郎'，兵革之士。'且缩'者，谓宜退守其所。由是言之，则己酉日当成擒也。苟未及期，则可俟矣。"度深叹异。是岁冬十月，李愬生得元济，校其日，果己酉。于是度益奇卒之辨，擢为裨将。（唐·张读《宣室志》）

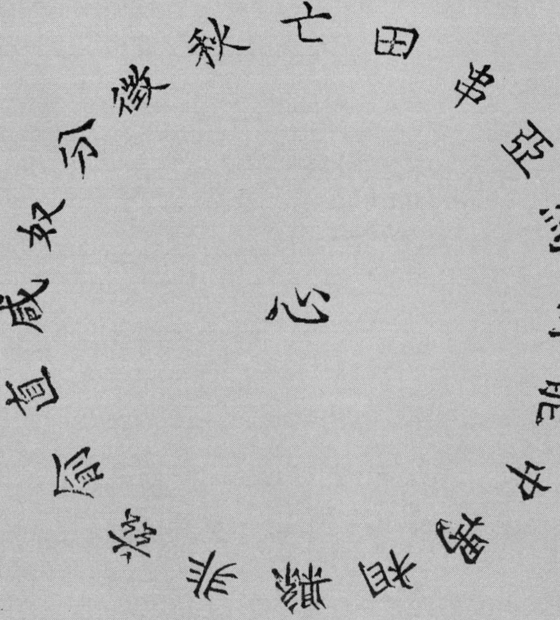

同心言

七言绝句一首。每字加入“心”字读，“忘愁”起。

忘愁徙忿怒，感悳愈慈悲[1]。
悬想愚忠态，慙憑恶患思[2]。

---

① 悳：“德”异体字。
② 慙：“惭”异体字。憑：“凭”异体字。

说话三思而后行

朱宸濠（1479 ~ 1520 年），为明代宁王朱权的第四代继承人，明太祖朱元璋五世孙。正德二年，宸濠贿赂太监刘瑾，希望恢复宁王一系已裁撤的护卫，同时畜养亡命，密谋起兵。正德十四年六月，宸濠借口明武宗正德帝荒淫无道，纠集十万兵丁造反，但只过了四十三天，造反便以失败告终。宸濠废为庶人，伏诛。

有个儒生因得罪朱宸濠，被关进铁笼，抛到后园。当时园中正在开凿池塘，宸濠亲自设计，并监督施工。朱宸濠向一旁参观的宾客出了个联语："地中取土，加三点以成池。"宾客不能对出下联，儒生在铁笼中应声答道："囚内出人，进一王而成国。"宸濠听后很高兴，便把儒生放了。脱身后的儒生思忖道："囚内进王，这句话不是个好兆头，过会儿宁王反应过来，一定会再次抓我。"思念及此，儒生没有回家，急忙到外边躲藏。不久，追赶的人果然来到儒生的家中，可没有抓到儒生。

宁庶人濠怒一儒生，以铁笼笼之，置于后园。适园中凿池，庶人身自营度，因向宾从出一偶语云：“地中取土，加三点以成池。”宾众不能对，儒生在笼中应声云：“囚内出人，进一王而成国。”庶人大悦，释之。儒生自念：“囚内进王，语谶不祥，少选必追我矣。”因不至家而逸。未几，追者果至家，儒生不可得矣。（明·姚士麟《见只编》）

荒年谣

明朝嘉靖乙巳年，天下十之八九全都荒废了，物价飞涨，百姓饮酒吃饭都成了问题。杭州人金玉泉在除夕作诗两首，加以嘲讽，其一：“年去年来来去忙，不饮千觞饮百觞。今年若要寻酒吃，除却酒边西字傍。”这诗讲除去喝水，想喝酒是不可能的了。其二：“年去年来来去忙，不杀鹅时也杀羊。今年若要杀鹅吃，除却鹅边鸟字傍。”这首诗讲要想吃肉，还不如把我杀了呢。

鵝

嘉靖乙巳，天下十荒八九，百物腾贵，饮啖颇艰。杭人金玉泉除夕戏作诗曰：“年去年来来去忙，不饮千觞饮百觞。今年若要寻酒吃，除却酒边酉字傍。”言饮水也。又：“年去年来来去忙，不杀鹅时也杀羊。今年若要杀鹅吃，除却鹅边鸟字傍。”言杀我也。（清·褚人获《坚瓠十集》卷二）

一人两眼，隐为“火”

道光十二年，一城城北发生火灾，大火延烧街市有几里地，火过之处，片瓦不存。此前，有一个疯癫妇人，赤着身，头发散乱，穿街过市，又是哭又是唱，遇到人就说：“一人两眼。”到了夜间，烈焰冲天，街巷化为灰烬。此时人们才明白，这个疯女子不是一般人，“一人两眼”，恰是“火”字的隐语。

相似的故事发生在明孝宗弘治年间。据《续文献通考》载：事发京师，一只熊进了西直门，兵部郎中何孟春对同僚说：“熊是火灾的征兆，要小心火灾。”不久，城内火起，礼部衙门、紫禁城乾清宫均被焚毁。事后有人询问，何孟春说：“宋朝绍兴年间，永嘉大火前数日，有熊来到城上，当时永嘉太守高世则说：‘熊’字是‘能火’的意思，城中百姓当小心火烛。我不过想起这件事而已。”

道光十二年，邑城北火灾，延烧街市数里，片瓦不存。先是有颠妇赤身披发，往来于市，歌哭无常，见人辄云："一人两眼。"至夜烈焰冲霄，街巷灰烬，方悟乃神人。一人两眼者，"火"字隐述也。（清·李庆辰《醉茶志怪》卷二）

“竹”字破开两个“个”

张廷玉（1672 ~ 1755），字衡臣，号砚斋，安徽桐城人。大学士张英次子。康熙三十九年（1700）进士。雍正帝时曾任礼部尚书、吏部尚书、首席军机大臣等职。张廷玉娶妻后，一直没有子嗣，他也很着急。于是便到京师前门外关帝庙祈梦，梦到关帝给他一根竹竿，竿子笔直，没有枝叶。张廷玉心里很不高兴。有善解梦的人称贺道：“这梦说明您一定会有两个儿子。”张廷玉不解，细问根由，解者说：“孤竹君有两个儿子，也就是伯夷、叔齐，这在史书上有所记载。破开‘竹’字，便是两个‘个’字，这是造字之法。”之后果如解者所说。

竹

张文和公得子迟，祈梦于京师之前门关帝庙，梦帝以竹竿与之，旁无枝叶，心颇不喜。有解者贺曰：“公得二子矣。”问何故，曰：“孤竹君之二子，此传记也。破竹字为两‘个’字，此字法。”已而果然。（清·袁枚《子不语》卷二十一）

吉人

宋哲宗即位很长时间，但皇位继承人一直没有确立。哲宗秘密派遣近臣前往泰州天庆观，向徐道士咨询。徐道士只写了“吉人”二字。近臣回来启奏，左右都不知道这是什么意思。哲宗死，徽宗即位，而“吉人”二字，正好合成了徽宗未即位时的名字，丝毫不差。徽宗，名叫赵佶。

佶

哲宗即位既久，而皇嗣未立，密遣中贵，往泰州天庆观问徐神翁。翁但书“吉人”二字授之。既还奏呈，左右皆无知其说者。哲宗升遐，徽宗即位，自端邸入承大统，而“吉人”二字，合成潜藩之名无少差。徽宗名佶。（清·周亮工《字触·卷一·庋部》引《春渚纪闻》）

立秋的一场火

明代的黄猷（yóu）吉，清源人，曾任淮扬兵宪（明制于各省重要地方设整饬兵备的道员）一职，因病归乡。在家期间，很喜欢道术，僧道之流往来其家，无不热情接待。一天，黄猷吉白天小睡，有僧人前来拜见，可看门人不给通报。第二天，僧人又来，看门人还是不通报。僧人叹息道："我因为你家主人好道，所以特地前来相救。没想到却是今天这个样子，不能不信命呀。"于是拿笔在居室东边小屋题了几行字，写完离开。第二天立秋，夜里着火，宅院焚烧得干干净净，只有僧人题字的小屋没事。看门人便将之前的事告诉黄猷吉，黄猷吉近前观看题字，写的是："坐不得，行不得，愁无心，口添画，大口小口，青黄共色。"有善解字的人说："坐不得，行不得，是'立'的意思；愁无心，是'秋'字；口添画，是'日'字；大口小口，是'回'字；青黄共色，是'绿'色的意思，但凡想染绿色，一定要以青色配黄色。这几句的意思是：立秋回禄（火灾）。"

愁

黄猷吉，清源人，为淮扬兵宪，以病归。家居颇好道术，缁流羽客，无不接引。一日昼寝，有僧来谒，而阍者不为通。翌日至，又如之。僧叹惋曰：“吾以尔主好道，故来救其厄。今若此，信命也。”取笔题字数行于室东小庑而去。翌日立秋，其夜火发，宅产荡尽，独僧所题小庑无恙。阍者因具言所以。视其书曰：“坐不得，行不得，愁无心，口添画，大口小口，青黄共色。”有解曰：“坐不得，行不得，立也；愁无心，秋也；口添画，日也；大口小口，回也；青黄共色，绿也，凡染绿者，必青与黄合也，乃立秋日回禄也。”（清·周亮工《字触·卷一·廋部》）

一个“乖”字，躲过了一场叛乱

唐时，有道士李㝢反叛，曾写信请成都玉局观的杨德辉吃斋宴。有老道士崔无斁（yì），自称耳聋，有道术。杨德辉问崔公：“我打算去北边，怎么样？”崔公让他在地上写字，杨德辉便写了“北千”二字。崔公将“千”字插入“北”字中间，成了“乖”字，意思是去了就不顺利。杨德辉因此没去，而李㝢在宴席间被擒，赴会的道士大多没躲过这一祸患，只有杨德辉得以幸免，这多亏了崔公的帮助。

李暠叛，有书招杨德辉赴斋。有老道士崔无敎，自言患聋，有道而托算术，往往预知吉凶。德辉问曰：“将欲北行，何如？”崔令划地作字，杨乃书“北千”两字。崔公以千插北，成“乖”字，去即乖耳。杨遂不果去，而李暠斋日就擒，道士多罹其祸，杨之幸免，由崔之力也。（清·周亮工《字触·卷二·外部》引《北梦琐言》）

看到一只螃蟹，大军班师回朝

北宋曹翰，太平兴国四年跟随大军出征幽州，率兵攻打城池的东南角，士兵挖土时挖出只蟹，献给曹翰。曹翰对众将说：“蟹，水中之物而在陆地安居，这是失其所在。蟹有很多脚，说明敌人援军快到了，这是不能攻取城池之象。何况，‘蟹’的意思是‘解’，莫不是要班师回朝吗？”不久，果如所说。

曹翰，兴国四年，从征幽州，率部攻城东南隅，卒掘土得蟹以献。翰谓诸将曰：“蟹，水物而陆居，失所也。且多足，彼援将至，不可进拔之象。况蟹者，解也，其班师乎？”已而果验。（《宋史·列传第十九·曹翰》）

山色秀美，必有甘泉

道士杨谷，字洞微，代州（今山西忻州代县）人。隐居华山，道行卓绝。金章宗明昌年间，朝廷征召高道，杨谷被征，隶属于天长观。不久，杨谷请求归隐。晚年喜爱中方山，建小庵定居。中方山以前没有泉水，人们吃水要到很远的地方汲取。杨谷说："这座山如此秀美，不应该没有泉水呀。"于是沐浴斋戒，默默祈祷，并用蓍（shī）草占卜一番，得到吉兆。此时是十月，小庵周围葵花开得十分茂盛。杨谷说："从字上讲，'草癸'合成'葵'，这是有水的象征。"于是与众道士边走边探寻。但见东南角草树间，隐隐有些湿润，杨谷让人在此地挖掘，果然有泉水涌出，可供十多人饮用。

葵

道士杨谷，字洞微，代州人。隐居华山，道行卓绝。明昌间，诏征高道，隶天长观。未几还山。晚爱中方，卜居之。中方旧无泉，苦于远汲。洞微言：“山秀如此，不应无泉。”乃斋沐致祷。筮之，得吉征。是时十月，庵旁近葵花荣茂。洞微云：“于文，‘草癸’为‘葵’，此殆水征也！”与众道士行寻之。见巽隅草树间隐隐有微润，掘之，果得泉，可供数百指。（金·元好问《续夷坚志》卷四十八）

距“日”的远与近：一个离开，一个留下

南宋建炎年间，宰相赵鼎与秦桧关于高宗皇帝立嗣一事意见不一，二人都想辞职，各写了一个“退”字给术士周生看，周生说：“赵肯定会离开，秦肯定会留下来。‘日’是君王之象，赵写的‘退’字，‘人’离‘日’较远；秦写的‘人’字，紧挨在‘日’的下面；字左面一笔与下面相连，而‘人’字左边一笔斜着贯穿，迹象显然，怎么可能退呢。”不久周生的话得到了应验。

建炎间，术者周生善相字。当赵、秦庙谟不协，各欲引退，二公各书“退”字示之，周曰：“赵必去，秦必留。日者君象，赵书‘退’字，‘人’去‘日’远；秦书‘人’字，密附‘日’下，字左笔下连，而‘人’字左笔斜贯之，踪迹固矣，欲退得乎？”既而皆验。（清·周亮工《字触·卷二·外部》）

丹田一团燥火，此人必死

谢石是中国古代四大相字家之首。关于他的故事，杂见宋人笔记中。一天，一人生病，写了一个“申”字问谢石，这个字中间笔画略带燥笔。客人离开，谢石对在座的人说：“丹田既然一团燥火，这人必死。”有人问：“几天应验？”谢石说：“过不了明天申时。”果然如此。

一人病，书“申”字以问，中带燥笔。客退，(谢石)谓坐者云：“丹田即燥，其人必死。”或曰：“应在几日？”曰：“不过明申时。”果然。(清·周亮工《字触·卷二·外部》)

不要变动，早晚如愿

南宋赵通，字哲彦，以《周易》应试乙酉年科举，失败，打算改学文章辞赋。正好谢石的徒弟朱安国前来，赵通便写了个“易”字请他看。朱安国说：“难道您有改动之心吗？这个字从且、从勿，意思是就这样不要变动，早晚如愿。”于是赵通不再另图他谋。

赵哲彦通以《周易》应乙酉举，遭黜。谋改习赋。朱（安国）适再来，因书“易”字相求。朱曰：“得非有更易之意乎？此字从且、从勿，当且勿易，终必得遂。”仍旧预贡。（明·董斯张《吹景集》卷二）

两个书生，一个能中，一个不能中

明代宁波人胡弘，精通易理，所说大多应验。曾在路上碰到两个书生，要去乡试（三年一次在省城举行的考试）。书生问成功与否，胡弘说："您二位，当有一人得中，一人因有丧事受阻。"二人全都不以为然。不久一人丧父，不能考试，一人得中。有人问及此事，胡弘说："丧父的人询问时，正好有人打水经过，'水'与'立'，合为'泣'字，因此知道他应当哭泣。中举的人询问时，正巧有人站在旁边，构成'位'字，因此知道他必定得中。"

立

宁波胡弘深于易理。尝遇二士于途，将赴乡试。问得失，弘云："二君当一中，一以有服阻。"皆不以为然。已而一丧父不得入试，一领荐。或问之，弘曰："丧父者问时，适有人汲水而过，'水'与'立'，泣字也，故知其当有哭泣。领荐者问时，偶有人立于傍，成'位'字，故知其必中。"（明·陆粲《庚巳编》卷九）

贵：一目人得中

明代安徽新安人汪龙，双目失明，人称“瞎龙”，巧思过人。四五个举子（参加科考的读书人）赴京赶考，全写了一个“贵”字问汪龙，汪龙说：“好，一定中。”其中有一个独目的，临走时，汪龙让他暂留，私下对他说：“这一去，只有相公一人得中，其他人都不中。”这个问原因，汪龙说：“没看到‘贵（貴）’字是‘一目人’吗？”果然如此。

四五举子赴京，共写“贵”字问（汪）龙。曰：“好，必中。”其中有一独目者，临去留之，私语曰：“今此去，只中相公一人，余俱不中。”问故，曰：“不见‘贵’字乃一目人乎？”果验。（清·周亮工《字触·卷二·外部》）

一枚白棋子透露的信息

有一个权贵没子嗣，知道汪龙声名，写信给一个姓袁的门生，同是附上一枚白围棋子，请他问询子嗣之事。袁生来到汪龙的住处，递上棋子请他测算。汪龙说：“你是姓袁吗？”袁生说：“是，我是什么人呢？”汪龙用手摸着棋子外边说：“员外（正员以外的官员）。”袁生说：“我要问什么事呢？”汪龙说：“这是白色的东西，应当来自北方，一定是北京朝廷里的贵人。这第一个要问的，难道不是‘子’吗？”袁生说：“有还是没有？”汪龙说：“这东西不是木头的，也不是石头的，经过水火锻炼而成，没有一点生气，怎么可能有‘子’呢！以棋理推算，也到了终局的时候，要赶紧下官子（围棋比赛最后阶段，已接近结束）才成。”不久，权贵死于任内，终究没有子嗣。

碁

有一权贵无子，知龙名，以门生袁姓者，补南工部员外，寄一白围棋子，托问后嗣。袁至，微服付棋子占之。龙曰："公姓袁否？"曰："然。我何如人？"龙以手周围摸之曰："员外。"曰："我所占何事？"曰："此白物也，应自北来，必自北京当局之贵人。其第一着所卜者，惟其子乎？"曰："有无何如？"曰："此物非木非石，经水火锻炼而成，全无生气，安得有子！以理而推，亦当谢局，须急下官着可也。"已而权贵卒于任，竟无子。术之奇，确如此。（清·周亮工《字触·卷二·外部》）

明神宗弥留时任命的两首辅

福建惠安人郑仰田。明神宗末年，由于叶向高告老还乡，内阁只有隶籍锦衣卫的方从哲一人。当时通过占卜法得出韩炌（huǎng）、刘一燝二人为首辅，只是命令没有发表。赋闲在家的大臣叶向高，召郑仰田试着推算一下，以“筓”字示意，说：“我有两个朋友想得到官职，不知能如愿吗？”郑仰田回答说：“‘筓’字上面有两个‘个’字，一个臣就是宰相，难道是两个宰相吗？但君王不开口同意，也没办法。如果想拜相，难道要让君王不是君王吗？”后来，在神宗弥留之际，命令才下达。

崇祯丙子年，北方有战事，郑仰田在南方，临淮侯李宗城请他前来问事：“南边的范大司马进行支援，可以吗？”当时李宗城正在下象棋，并以棋子中的“马”示意，郑仰田说：“马走日，今天下雨，不能走呀。”李宗城又问：“北边的张大司马没事吧？”说着以手中犀杯示意，郑仰田说：“‘犀’字是‘尸’字在身上，就是个死呀。”李宗城说：“只是夺去官位吗？”郑仰田说：“现在辞官也来不及了。”后果然如其所说。

闽惠安郑仰田。神宗末年，锦衣独相。时枚卜韩蒲州、刘南昌二公，留中不发。叶福唐里居，召令试之，示以“笋”字，曰：“吾有二友欲得官，可知意乎？”郑对曰：“笋字上有两‘个’字，一个臣者，宰相也，其两宰相乎？但君不开口奈何。如欲大拜，必也君不成君乎？”后神宗于弥留之际，命下。（清·周亮工《字触·卷二·外部》）

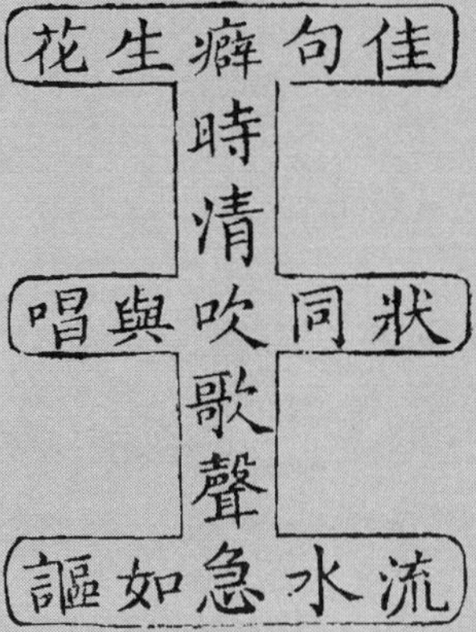

菩萨蛮

癖时清吹歌声急，急声歌吹清时癖。佳句癖生花，花生癖句佳。

状同吹与唱，唱与吹同状。流水急如讴，讴如急水流。

象棋的“车”：出局便是等闲人

顾起元是明代大臣、金石家、书法家。在家赋闲时，派仆人拿着象棋中的“车”向郑仰田问卜。郑仰田对来人说：“这不是你想拿着这枚棋子前来，一定是大贵人派你来的。”仆人问缘由，郑仰田说：“‘车（車）’字拆开为‘一甲一名’，不是贵人又是什么呢？整个棋局中，只有车纵横无阻，这人的文章事业一定会大为显扬，只可惜，他是个局外人。”仆人问：“还能东山再起吗？”郑仰田说：“虽然打算出山，怎奈半边身子不听使唤。因为车既然拿了出来，就没法再走棋了，以此知道这人有残疾。”

顾邻初家居，遣伻持象戏中“车”往。郑语来人曰：“此非子所持，必大贵人遣来者。”问其故，曰：“一甲一名，非贵人而何？合局中，惟车纵横如意，此人文章事业必大显，但可惜今在局外耳。”曰：“得复起乎？”曰：“虽欲出山，奈半身不随何。盖车既取出，则不合棋，是以知其有废疾也。”（清·周亮工《字触·卷二·外部》）

吞：吴淳夫伏法

明末福建晋江李焻（chàng），与宦官吴淳夫有矛盾，指着“吞”字问事，郑仰田说：“他的势力能吞掉你，不是小人物。‘吞’字由‘天’‘口’构成，难道这人姓‘吴’？”李焻说：“那又怎样？”郑仰田说：“‘吴’是‘口’字为头，他的‘头’已然落到地上，您还担心什么呢？”过了一年，吴淳夫伏法。

晋江李焻，与奄党吴淳夫有隙，指“吞”字以问，仰田曰：“彼势能吞汝，非小敌也。从天从口，非其人吴姓乎？”“然则何如？”曰：“吴以口为头，彼头已落地矣，汝何忧？”逾年而吴伏法。（清·周亮工《字触·卷二·晰部》）

带“正”字的年号

梁武陵王即萧纪（？～553），字世询。梁武帝萧衍第八子。梁武帝死后，他自立为帝，年号天正。永丰侯萧㧑（huī）说：“萧纪不会长久呀。当年桓玄起年号‘大亨’，有识见的人认为，这表示‘二月了’，而桓玄于二月（仲春）兵败。当今取年号‘天正’，‘正’是由‘一止’构成，这怎么能长久呢？”果然，萧纪一年后被萧绎的部将樊猛杀死。

《坚瓠集》有相似论说：朝代起年号，大多忌讳“正”字。如梁武陵王的“天正”，金炀王的“正元”、“正隆”，元顺帝的“至正”，都是败亡的象征；明英宗的“正统”，于是有了土木堡之变；明武宗的“正德”，最终缺乏子嗣，虽不致亡国，但也不是好的征兆。

正

梁武陵王纪僭即帝位，建元曰天正。永丰侯萧㧑曰：“王不克矣。昔桓玄年号大亨，有识者以为‘二月了’，而玄之败，实在仲春。今曰天正，‘正’之为文‘一止’，其能久乎？”果一年而败。(《隋书·五行志》)

生死之间

清代学者赵翼在他的著作《陔余丛考》中记录了一件小事。赵翼小的时候，曾见过一个善于相字的人。一天，有一个人脚步踉跄地跑来，询问父亲的病情，随手拈起一个“一”字，相字者说：“‘一’，是‘生’字的最后一笔，‘死’字的开始一笔。你的父亲恐怕一病不起，不久人世了。”相字者接着问：“你父亲是哪年生人？”问者道：“丁丑年生人，属牛。”相字者说：“如果是这样，那你父亲便死不了了。‘牛’加一横划，便是‘生’字。”相字者所说有没有应验，赵翼并不并清楚，但他对相字者的巧思很是佩服。

少时见一拆字者，一人踉跄来，问其父之病，随手拈得“一”字。术者曰：“一者，生字之尽，死字之初也。汝父殆尽不起矣。”问：“汝父生年云何？”其子曰：“丁丑生，属牛。”术者曰：“然则尔父不死。牛加一画，则生字矣。”其验否不可知，然思致自佳。（清·赵翼《陔余丛考》卷三十四）

石敬瑭太原起兵

后梁开平二年，太祖朱温命令李思安攻打潞州，大军在壶口关安营，伐木为营寨。剖开一根大木头时，发现里面有红色隶书写了六个字："天十四载石进。"李思安上表汇报此事，群臣纷纷祝贺，认为十四年会有边远地区的人进贡珍宝。司天少监徐鸿对亲近的人说："自古以来，没有用一个字作为年号的，上天降下的祥瑞，怎么可能缺字呢？我认为，丙申年应当有姓石的人在此地称王。因为移'四'字中间两竖，放到'天'字左右，这是'丙'字。移'四'字外框，以'十'字中间贯通，这是'申'字。"后来到了丙申年，晋高祖[即石敬瑭，其父名臬捩（niè liè）鸡]自称姓"石"，在太原起兵，正如徐鸿所说。

石

梁开平二年，使其将李思安攻潞州，营于壶口关，伐木为栅。破一大木，木中朱书隶文六字曰："天十四载石进。"思安表上之，其群臣皆贺，以为十四年必有远裔贡珍宝者。司天少监徐鸿谓所亲曰："自古无一字为年号者，上天符命，岂阙文乎？吾以为丙申之年，当有石氏王此地者。盖移'四'字中两竖，置'天'字左右，即'丙'字也。移'四'字之外围，以'十'字贯之，即'申'字也。"后至丙申岁，晋高祖以石姓起并州，如鸿所言。（五代·徐铉《稽神录》卷四）

宋神宗兄弟相疑

宋神宗同母弟赵颢最初封为昌王，当流言四起，说“‘昌’字是两个太阳一起出来了。”宋神宗心存疑惑，询问大臣，大臣没有能回答的。吕公著知开封府，上殿奏事完毕，神宗若无其事地问：“你听到昌王之说了吗？”吕公著说：“陛下有什么怀疑吗？如果您心中疑惑不能消除，以臣所见，那就改封其他大国，则妄议就平息了。”神宗怀疑由此打消，而流言也渐渐消失。

宋岐王始封昌王，时飞语云：“昌字两日并出也。”裕陵惑之，以问大臣，大臣无能对者。吕申公知开封府，因上殿奏事罢，上从容曰：“卿闻昌王之说乎？”公曰：“陛下何所疑？若圣意不能释然，以臣所见，改封大国，则妄议息矣。”裕陵意遂解。（南宋·朱弁《曲洧旧闻》卷二）

蔡襄建万安桥

宋忠定公蔡襄任泉州太守，奉母命建万安桥。蔡襄预计海水深过千丈，垒石打地基没有着力点，于是命官吏写书信报与海神。仆役拿着信到酒馆喝酒，醉卧海岸，潮水上涨差点淹死他。等到仆役酒醒，正赶上退潮，起身查看，发现信被调换。于是，仆役将此信进呈蔡襄，信里只有一个“醋”字，墨迹新鲜，郡里人全不知是什么意思。蔡襄夜卧，反复思索，终于明白：“海神难道是让我二十一日酉时动工吗？”至这一天，潮水果然退去，沙泥堆积有一丈多，潮水连着八天没涨，于是建成万安桥。

醋

宋忠定公蔡襄出守泉州，以母命建万安桥。公计海之深逾千丈，筑趾累石无着力地，命吏为文报海神。隶赍文就肆痛饮，酣睡于涯，潮至期死耳。及醒，适潮退，起视之，则已易封矣。乃返而呈公，惟一“醋”字，翰墨如新，举郡莫识。公夜卧展转思之，方悟曰：“神其令我二十一日酉时兴工乎？”至期，潮果退舍，沙泥壅积者丈余，潮之不至者联以八日，遂建此桥。（清·周亮工《字触·卷三·晰》）

贾似道怀有不臣之心

贾似道是南宋晚期宰相，权倾一时。元世祖忽必烈曾问宋朝降将：“你们怎么这么容易就投降了呢？”降将回答道：“宋朝有强臣贾似道，专擅国政，每每优待读书人，轻视武官。我等心中早就愤愤不平，与朝廷离心离德，所以见到您的军队自然望风而降。”元世祖说：“如果像你们说的那样，贾似道轻视你们难道不对吗？”

贾似道怀有不臣之心。一术士善于拆字，贾似道用拄杖在地上写了个“奇”字，术士说：“相公的志愿无法实现了。说是‘立’字也不行，说是‘可’字也不行。”贾似道没说话，找了个罪名将术士流放，因担心事情败露，让人在半路将术士杀了。

奇

贾似道有异志。一术士能析字，贾以策画地作“奇”字，术曰：“相公之志不谐矣！道立又不可，道可又不立。”贾默然，求其罪而遣之，恐泄其事，使人害诸途。（明·叶子奇《草木子》卷四）

欠钱就一定要归还

周亮工是清初清初文学家、篆刻家、收藏家。有一个县令家眷回家乡，走了几天，县令写“钦”字给周亮工看，推断一下路上是否平安。周亮工说：“没大事，只是不能到达。‘钦（欽）’拆开为‘欠金’，欠钱就一定得还回来。”话没说完，奴仆报告前面遇到强盗阻拦，家眷又回来了。

有人用“子”字问怀孕生产之事，周亮工说：“‘子’字可以看成是‘一个丫头’，不是女孩又是什么呢？”果然应验。

令君眷属返里，行数日矣，书“钦”字视栎公，俾决途中。公曰：“无恙，殆不成行。‘钦’为欠金，欠金者必还。”语未终，苍头报前途寇阻，眷属返矣。（清·周亮工《字触·卷三·晰部》）

程昱，曹操的心腹之臣

三国曹魏谋士程昱（yù），年少时曾梦到登上泰山，两手捧住太阳。程昱感到很奇怪，便偷偷告诉了荀彧（yù）。等到兖州反叛，投降吕布，只有程昱保存了三座城池。于是荀彧将程昱的梦告诉了曹操，曹操说：“你最终还是我的心腹呀。”程昱本名程立，曹操便在“立”字上加了一个“日”字，变成了“昱”字。

魏程昱，本名立，少时梦上天两手捧日。太祖曰："卿当为吾腹心。"乃于立上加日而为昱。（清·周亮工《字触·卷四·几部》引《三国志》）

头上长角，不太妙

三国蜀汉的诸葛亮，兵出北谷口，魏延是前锋。夜里，魏延梦到头上长角。因此询问赵直，赵直说谎道：“麒麟有角而不用，这象征着不战而敌人自来依附。”赵直退下后，悄悄对他人说：“‘角’这个字，就是‘刀’下‘用’。头上用刀，这是大凶呀。”魏延屡立战功，很受刘备器重。因与长史杨仪不和，诸葛亮死后，两人矛盾激化，相互争权，魏延败逃，为马岱所追斩，并被杨仪夷灭了三族。

角

诸葛亮出北谷口，魏延为前锋。延梦头生角。以问占梦赵直。直诈曰：“麒麟有角而不用，此不战而自附之象。”退而告人曰：“角之为字，刀下用也。头上用刀，其凶甚矣。”果为杨仪所杀。（清·周亮工《字触·卷四·几部》引《三国志》）

世间万事无非有所寄托

谢石以相字术名动开封。因以“问”字得知宋徽宗身份，授武职。一天，谢石拜见蔡京，聊天时谈及晚景，谢石认为蔡京会被诛杀。蔡京大怒，写奏章弹劾谢石讪笑侮慢大臣，谢石因此被捉到开封府，杖责之后驱逐出京。

南宋高宗绍兴年间，谢石押运马纲入朝，又以其相字术轰动朝野，以至于每相一字竟可获一万钱，且所说无不应验。《寓简》作者沈作喆的同乡钱元素，自外省召回朝廷，见到谢石后，写了一个“请”字让他看，谢石说：“先生难道要当监察御史吗？‘请’字，有‘言’‘责’之象，而‘责’又是不完整的，必须以‘言’使‘责’完整。所以我才认为你要当监察御史。”之后果然如此。谢石相字大都如此。沈作喆认为，世间万事无非有所寄托，能以无心来观察这种寄托，就会有所发现。

（谢）石见蔡京，为言晚节当诛。京大怒，奏石讪侮，付开封府，杖而逐之。绍兴中，石押马纲至行朝，又以其术动朝士，相一字至万钱，其言巧发奇中。予乡丈人钱元素自外任召对，见石，书“请”字示之，石曰：“君其为监察御史乎？‘请’字，言责未全也。”已而果然。如此类甚众。予谓世间万事无非寓也，能以无心而观所寓焉，其有以知之矣。（南宋·沈作喆《寓简》卷九）

喜欢改字的武则天

唐朝天授年间，武则天喜欢改新字，又多有忌讳。有幽州人上书说：“‘国（國）’字中的‘或’，有‘惑乱’之象。请在‘口’中安上‘武’加以震慑。”则天大喜，下令依其说。过了一个多月，有人上书说：“‘武’退居‘口’中，这与‘囚’字没什么不同，不祥至极。”武则天十分惊愕，于是追加命令改为“圀”，内含“八方”二字。后来李显即位，果然将武则天幽禁在上阳宫。

天授中，则天好改新字，又多忌讳。有幽州人上书云：“国字中或，或乱大象。请□中安武以镇之。”则天大喜，下制即依。月余有上封者云：“武退在□中，与囚字无异，不祥之甚！”则天愕然，遽追制改作圀。后孝和即位，果幽则天于上阳宫。（唐·张鷟《朝野佥载》卷一）

讲堂照镜

唐代中书令崔湜（shí）与尚书右丞卢藏用，因依附太平公主获罪，同时被流放岭南，二人一起前往。崔湜对卢藏用说："我弟弟崔涤（dí）承蒙皇帝恩宠，或许可以对我宽大处理。"因此行动迟缓。走到荆州，崔湜梦到在讲堂里照镜子。醒后说："镜是明亮的象征，我会得到君主的明察。"崔湜将此梦告诉占梦人张猷，张猷说："所谓讲堂，是接受教法的地方；'镜'字拆开是'立见金'，这不是好兆头。"当天追赶的使者到来，将他们吊死在馆驿中。

镜

中书令崔湜与尚书右丞卢藏用，坐太平党，同被流岭南，俱行。湜谓藏用曰：“家弟承恩，或冀宽宥。”因迟留不速进。行至荆州，梦于讲堂照镜。曰：“镜者明象，吾当为人主所明也。”以告占梦人张猷，对曰：“讲堂者，受法之所；镜者，于文为立见金，此非吉征。”其日追使至，缢于驿中。（《太平御览·人事部四十一》）

鹦鹉舌头虽灵巧，却不知躲藏

乾隆时，上海有一个叫沈衡章的人，善于拆字，每天前来问吉凶的人络绎不绝。一天，有罪犯越狱，乘夜逃跑。捕役到沈衡章家，拈出一个“鹦”字，询问犯人越狱后的情况。沈衡章说：“鹦鹉是能说话的鸟。舌头很灵巧，却不知避人躲藏，所以才让人抓到。另外，鸟还是小鸟，羽毛尚未丰满，它能跑远吗？犯人离这里不远，您快去抓捕，一定能抓到。”捕役问向哪个方向抓捕，沈衡章瞥见有麻雀跨在后面房檐上，说：“可到后面厕所中找找看。”捕役听了沈衡章的话，果然将犯人抓到。县令惊奇于沈衡章的技艺，赠以“机测如神”的匾额。

乾隆时，上海有沈衡章者，善拆字，问休咎者趾相接。一日，有罪犯越狱宵遁，捕役往问，拈得“鹦”字，沈曰：“鹦鹉，能言之禽也。舌慧而身不自藏，卒为人所絷。且鸟而婴，羽毛未丰，其能远逸乎？去此尚近，速捕可得。”问何往，沈瞥见雀跨后檐，曰：“可往后面厕中觅之。”如其言，果获。邑令神其技，赠以“机测如神”之额。（清·徐珂《清稗类钞·方技类》）

木以长材为贵

苏州人范时行，以相字灵验为人所知。寄身于德清的紫阳观中。有一个理发师傅听闻范时行的大名，穿着最好的衣服前去拜见。到了范时行住处，随手拈了一个“村”字询问。范时行说：“木材都以长大为最好，一寸之木能有多大用处呢？”理发师傅一听，以为范时行说的是剃刀的木柄，大惊失色。范时行说：“凡事如果能够努力，就算是方寸之木，也可高于高楼，先生又何必丧失志向呢？”后来这理发师傅真的发家致富了。

有一业理发者，盛冠服而往，拈“村”字问之。范曰：“木以长材为贵，一寸之木亦何所用。”其人以为道其剃刀之柄也，惊而失色。范曰：“凡事若能努力，则方寸之木，可使高于岑楼，君何必自堕其志乎？”后其人果发迹致富。（清·徐珂《清稗类钞·方技类》）

“哭”与“荣”，两个字得到一个结果

浙西人陈钟年，善于解字，名噪一时。有大商人吴某，苏州人，在浙江经商多年。一天，吴某得到家信，信上说他的妻子病得很重，让他快快回去。吴某十分担心，便找陈钟年问问妻子以后会如何。吴某来到陈钟年的家，见大门紧闭，于是急促地拍打大门。陈钟年推窗询问，知道了吴某的来意。就在二人对话之时，有一条狗在旁边大声叫着，陈钟年便对吴某说：“你太太已经死了。”吴厉声说：“字还都没有拈选，怎能知道生死！”陈钟年说：“刚才你我隔窗交谈，你的口和我的口，便是两个‘口’字，又有一条狗在旁，两个‘口’下再加个‘犬’，这不就是个‘哭’字吗。”吴某懊恼而归，但并不信陈钟年说的话。

第二天一早，吴某又去找陈钟年，拈选了一个“荣”字。陈钟年问吴某要打算占断什么，吴某说明妻子病危的事，陈钟年说：“你太太已经死了。”吴某问何以得知，

陈钟年说："'荣（榮）'字，上面是两个'火'字，就像一对蜡烛；中间的宝盖，就像是一个台座；下面是个'木'字，指的是棺木。"吴某听后大惊，急忙雇船回家，果如陈钟生所言。

浙西陈钟年善拆字，名噪一时。有巨贾吴某者，苏人也，久商于浙。某日得家书，以妻病危笃，促之归。吴忧甚，即访陈就之卜。至则门已闭，吴叩之急，陈乃推窗而询知来意。时方有一犬在旁狂吠，陈即语曰："死矣。"吴厉声曰："字尚未拈，焉知生死！"陈曰："顷者吾之口与汝之口交谈，则为两口，又加一犬，则成一哭字也。"吴懊恼归，然未之信。翌晨再往，拈得一"荣"字。陈即询所占之事，吴以妻病告。陈曰："死矣。"吴询所以，陈曰："荣字，上部为两火字，乃一对烛也；中为一座台之象形也；下为木字，棺木也。"吴闻言大惊，匆匆买棹归，其言果验。（清·徐珂《清稗类钞·方技类》）

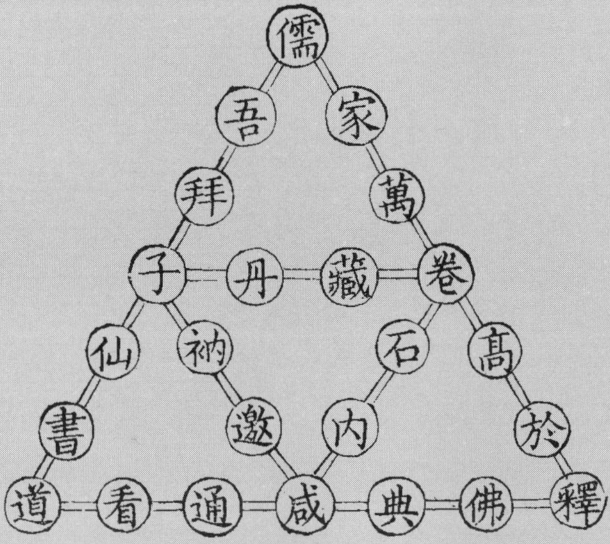

函三为一

“儒、释、道”三字在三角上，七言绝句一首。先从“儒家”斜读至下，接着横读至角上至“子”字，复平行至“卷”字，向下至“咸”字，又向上左边至顶止。“卷”、“咸”、“子”字三字读两遍，“卷”字先仄复平。

儒家万卷高于释，佛典咸通看道书。
仙子丹藏卷石内，咸邀衲子拜吾儒。

鱼头参政，不畏强权

鲁宗道，字贯之。亳州人。北宋著名谏臣。宋仁宗时，章献太后监理朝政，问宗道：“唐时的武则天是怎样的人呢？”宗道回答道：“她是唐王朝的罪人，几乎断送了李家江山。”章献皇后听后一语不发。鲁宗道为人耿直，贵戚全都怕他，时人称之为“鱼头参政”。“鱼头”乃是“鲁”字的上半部分。因宗道不屈强权，故以鱼头作比。

鲁宗道，贵戚用事者皆惮之，目为“鱼头参政”。因其姓，且言骨鲠，如鱼头也。（《宋史·鲁宗道传》）

白云禅师一语定前程

元末，有一位白云禅师，道行高妙，将军胡深前去请教，说："灭却心头火，特来参老禅。"白云接着胡深的话说："将军来太早，妻伴别人眠。"胡深大怒，抽刀要将禅师杀掉。白云说："心头火未灭，略拨即生烟。"胡深惭愧称谢。白云说："若问前程事，古月下西川。"后来胡深在讨伐福建陈友定时，陷伏兵包围，被擒遇害，被擒之地在锦溪，别号小西川。

胡

白云禅师道行高妙，将军胡深常造之，曰：“灭却心头火，特来参老禅。”白云续之曰：“将军来太早，妻伴别人眠。”深怒，欲刃之。白云曰：“心头火未灭，略拨即生烟。”深愧谢。白云曰：“若问前程事，古月下西川。”后深果败死。所云“古月”，指其姓也。（清·桑灵直《字触补》卷一）

八大山人：六十岁后，哭之笑之

八大山人，姓朱，名耷（dā），字雪个，明太祖朱元璋第十七子朱权的九世孙。明亡后，遁入空门。善画，早年的画作上，常以一鹤形符号作签押，此符号实为“三月十九”四字组成，这正是明朝亡国的日子。六十岁后，以“八大山人”作为款识。“八大”二字，一定要连笔写成，看上去很像“哭之笑之”。

八大山人，姓朱氏，名耷，字雪个，故石城府王孙也。甲申后，号“八大山人”。山人书画款题“八大”二字，必联缀其画，“山人”二字亦然，类“哭之笑之”，字意盖有在也。（清·张庚《国朝画征录》卷一）

不要招惹“门内大虫”

清初的范承谟是大学士范文程的次子，督抚浙江时，有老虎时常吃人。范承谟几次派人捕捉，都是空手而归。一天，范承谟去找水月和尚，想要讨个方法。说明来意，水月和尚说：“山头大虫（老虎）任打，门内大虫莫惹。”范承谟不明所以。不久，范承谟升任福建总督，值三藩作乱，被耿精忠囚禁，这才明白水月和尚的话。“门内大虫”即是“闽”字。范承谟被耿精忠囚禁了两年，最终遇害。

范忠贞公承谟抚浙时，浙之西溪有虎攫人，遣卒往捕不得，公患之。一日，自诣水月和尚卜之，告以故，和尚答云：“山头大虫任打，门内大虫莫惹。”公不悟。未几迁督闽，殉逆藩之难，乃悟门内大虫，乃“闽”字也。事由前定，信然。（清·徐锡龄、钱泳《熙朝新语》卷七）

左看是君，右看是君

宋徽宗听说谢石善于相字，便写了一个“问（問）”字，写的时候，“门”的两竖笔微向外分。命内使拿去给谢石看。谢石看后，转身进内室，不久持回信出来，对内使说：“拿回去后再看。”内使回宫，奉上回信，徽宗打开观看，回信是：“左看是君，右看是君，圣人万岁。”有道士听说了这件事，也写了一个“问”字让谢石看，谢石说：“门虽大，也只有一个口。”道士十分惊愕，因为他所住的道观，没有其他道人，只有几个童仆。道人心里不服，又写了一个“器”字，让人拿给谢石看，谢石说：“人口虽多，都在户外。”于是道士敬服。

宋徽宗书“问（問）”字，笔势两直分开，命一隶持往谢石，密于侧，缄付之，戒其到家方可发封。隶归奏，上启读，乃曰：“左看是君，右看是君，圣人万岁。”遂补承信郎。有道士闻其事，亦以“问”字占，石曰：“门虽大，只有一口。”道士愕然。盖所住观，他无黄冠，唯童仆数辈。犹未以为奇，复书“器”字，令俗人往占，曰：“人口空多，皆在户外。”于是大服之。（明·董斯张《吹景集》卷二）

魏忠贤权倾朝野，号称“国中一人”

明朝魏忠贤权倾朝野。有测字先生到京，所说全都应验。于是魏忠贤着便衣前去叩问前程。测字人让他写个字来，魏忠贤便写了一个“囚”字，测字人看了，不住点头称赞。魏忠贤便问是什么意思，测字人说：“这是国内一人呀。”魏忠贤听了，大为震惊，厚赏了测字人。魏忠贤走后，测字人偷偷告诉旁人：“眼前虽然风光，只是晚景不好。”旁人问：“这话怎讲？”测字人说：“一人悬在中间，将来必定会被吊死。”后来果然应了这话。

魏忠贤盛时，一测字者来京，喧传其验，乃易服潜往叩休咎。因书一“囚”字与推。其人即顿首称奇，诘其何意，曰：“国内一人也。”忠贤骇服，以为神异，厚犒而别。乃私语人曰：“目下虽好，只是结局不佳。”叩其何说，曰：“一人悬在中间，将来必要吊死，四面俱无着落，家业自然荡尽。”后果应。（清·俞樾《右台仙馆笔记》卷十）

虽然纵横无碍，也是过河卒子

乾隆年间，苏州人范时行精于相字，每天只挣六百钱便谢客静坐。一天，一个士兵写个“棋”字以问前程，范时行说：“如果是围棋，则越下子越多，象棋则越下子越少。今天你写的这个字，是象棋的‘棋’，不是围棋（碁）的‘碁’，这说明家中人口日渐凋零。”士兵说：“不错。但这不是我想问的，我想问问我的前程怎样。”范时行说：“看你的装束，是行武中人，也就是象棋中的‘卒’。卒在己方时，只行走一步，如果过了河，便能纵横无碍。以此来看，你只有外出才能得志。然而，卒子就算过河，一次也只能走一步，你纵然外出，也不能得大志。”后如所言。

棋

乾隆间，苏人有范时行者，……所言不烦，而悉有意义，每日以得钱六百为率。钱足则谢客寂坐，有君平卖卜之风。

一营兵拈“棋”字，问终身休咎，范曰：“凡围棋之子，愈着愈多；象棋之子，愈着愈少。今所拈是棋字，非棋（碁）字，从木不从石，则是象棋子，非围棋子也，恐家中人口日益凋零矣！”其人曰：“是也。然此非所问，问日后何如耳。”范曰：“观尔装束，是行伍中人，乃象棋中所谓卒也。卒在本界，止行一步，若过河后，则纵横皆可行。以是言之，尔宜外出方可得志。然卒过河亦止行一步，纵尔外出，亦不能大得志也。”

纪晓岚发配

乾隆戊子年（1768），两淮盐政卢见曾营私贪污被革职查办。纪晓岚因为通风报信获罪，案件还在审理中。看守的军官精于拆字，于是纪晓岚便写了一个“董”字询问。军官说：“先生必定要发配边疆。‘董’字与‘万（萬）千里’相似。”纪晓岚又写了一个“名”字，军官说：“‘名’字下面是个‘口’，上面是‘外’的偏旁，这说明是‘口外’呀。日头在西边称之为‘夕’，难道是西域吗？”纪晓岚又问何时可以得到赦免，军官说：“‘口’字为‘四’字的外围，而中间缺两笔，大概不超过四年。”不久，诏诣传下，纪晓岚发配乌鲁木齐，之后于辛卯年（1771）六月遇赦召回，一如军官所说。

董

乾隆戊子，纪文达以事获谴，狱未决时，伴守之军官精拆字，乃书“董”字叩之。军官测曰：“君必远戍。‘董’字似万千里也。”又书“名”字，军官曰：“下为口字，上为外字偏旁，是口外矣。日在西为夕，其西域乎？”又问将来能否遇赦，曰：“字形类君字，亦类召字，必赐还。”又问遇赦当在何年，曰：“‘口’字为四字之外围，而中缺二笔，殆不足四年也。”已而果遣戍乌鲁木齐，以辛卯六月赐还，一如军官所言。（清·徐珂《清稗类钞·方技类》）

一个“因”字，三种结局

乾隆丁卯年，福建乡试（由各地州、府主持考试本地人，一般在八月举行，故又称“秋闱”）后，考生谢廷光听说洪山桥（现今旧桥已拆，但存桥墩）有个人善于拆字，便与朋友一起前往。谢廷光选了一个“因”字，问此次考试可否得中。相字者说：“国内一人，此科定得解元。”与韩廷光同行的人听后，跃跃欲试，说：“我也用这个‘因’字问问。”相字者说：“这次考试恐怕没有你的事了，之后有恩科（于正科外，皇帝特恩开科取士），你的愿望才能实现。你二人同以‘因’字相问，他的‘因’是出于无心，而你的‘因’是出于有心，所以得到两种结果。”此时，旁边有一人手握折扇，立即用扇子指着“因”字说：“我也用这个字问问。”相字者眉头紧皱，说：“你的扇子正好放在了‘因’字的当中，这是‘困’的象，难道你这一辈子只是个秀才吗？”之后果如相字者所说。

乾隆丁卯，福建乡试场后，士子谢廷光闻洪山桥有善折字者，偕友人诣之，拈得“因”字，以询乡试之售否。曰：“国内一人，今科解首也。”友跃然曰：“我亦就此因字折之。”曰：“此科恐无分，后有恩科，可望得志。彼之因，出于无心；君之因，出于有心也。”旁有一人方握折扇，即以扇指“因”字曰：“我亦就此字一决之。”其人蹙然曰：“君扇适加因字之中，乃困象也，其终于一衿乎？”后各如其言。（清·徐珂《清稗类钞·方技类》）

“正”合上就是“反”

苏州上津桥有一个姓朱的人，家里很穷，打算进山寻短见。遇异人，传给他一本关于测字的书，十分灵验。只是问事的人要提前预约，朱某每天只测一个字，收一两银子，并在门头挂了一块牌子，上写“某日测某人字”。

吴三桂打算起兵造反，向苏州藩库借饷银。当时慕天颜任藩司（专司一省财赋及人事），犹豫不决，便请朱某前来询问。慕天颜说明情况，朱某说：“请大人说个字吧。”当时几案上有用过的信纸，慕天颜随手翻动，指定信纸上的“正”字。朱某说：“这饷银不能借。‘正’字像‘王’字，‘王’（指吴三桂）的心意已乱。况且，正面反着放在几案之上，这是‘正’的‘反’了，有反叛的征兆。”听了朱某的解说，慕天颜拒绝了吴三桂的请求，而结果也应了朱某的话。朱某有个儿子，继承父业，技艺不在朱某之下。

苏州上津桥朱某以家贫，图入山自尽，遇异人，授测字一书，其验如神。惟求之者必预定，日仅测一字，取银一两。悬牌门首，某日测某人字。吴三桂将反，向苏藩库借饷，时慕天颜方为藩司，踌躇莫决，延朱测字。告以故，朱曰：“请大人命字。”适几上有残柬，慕即翻转，指“正”字为枚。朱曰：“不可借。正似王字，王心已乱。且柬正面合几上，正而反矣，即反之兆也。”慕即拒之，果应其言。（清·徐珂《清稗类钞·方技类》）

妻子都没有，其他的就不用问了

清朝乾隆年间，范时行善于相字。江湖上也有人挟此技艺糊口，但都是先预设一定量的字，各因其字编成口诀，以应对问者。而范氏的技艺与那些人不同。相字时，解释的话不多，但都有深意。有人写了一个“义（義）”问婚姻。范时行问：“今年多大？”问者说出年龄。范说：“这样说来，你是属羊的。‘义’字，从羊从我，意思是只有一个属羊的我。这说明你是终身孤单，没有妻子。妻子都没有，其他的您也就不用问了。”

又有人以“风（風）”字问生男生女，范时行说：“将中间的‘虫’字移到旁边，就是‘虺’字。《诗经》上说‘惟虺惟蛇，女子之祥’，要生必定是女孩。”范时行相字之事大多类此。

有人拈一“义”字以问，范问：“年若干？”其人告之，范曰：“然则生年属羊也。义字从羊从我，是止一属羊之我，尔终身孤只不能有妻子也。妻子且不能有，他可弗问矣！”（清·俞樾《右台仙馆笔记》卷十）

“心”字的含义

关于“心”字，清代的俞樾在《茶香室续钞》中这样解释：我经常说，古今关于“心”字有生、死之别。古时的“心”字写成“”，上面两笔的形状就像包围保护一样，使心火不致向上蒸腾；下面一笔的形状就像灌注一般，可以与肾水相交。这便是生的象征。现今写“心”字，与下面不能沟通，因此不能与肾水相交，那么上面的部分，不但蒸腾，而且四下蔓延。心火蒸腾的害处实在狂烈呀。这便是死的象征。这种说法还是很准确的。

余尝谓古今“心”字有生死之分。古篆书心字作，其上两笔有包护之象，使心火不致上炎；其下一笔作挹注之形，可以下交肾水。此生象也。今作“心”字，其下不通，则肾水不能交矣；其上不特上炎，而且旁溢，则炎之为害，烈矣。此死象也。其说甚确，而理亦不易。（清·俞樾《茶香室续钞》）

袁枚一生不讲《说文》

清代的袁枚一生不讲《说文》。一天宴会，家人上羊肉，来客有人不吃。袁枚说：“这是最美味的，各位为什么不吃？请看古人造字的缘由，‘美’字从羊，‘鲜’字从羊，‘善’字从羊，‘羹’字从羊，就算吉祥的‘祥’字也是从羊，‘羊’就是‘祥’呀。”满座大笑。袁枚不讲《说文》，但又是深通《说文》。

美

袁简斋先生一生不讲《说文》。一日宴会，家人上羊肉，客有不食者。先生曰："此物是味中最美，诸公何以不食耶？试看古人造字之由，美字从羊，鲜字从羊，善字从羊，羹字从羊，即吉祥字亦从羊，羊即祥也。"满座大笑，似又深通《说文》者。（清·钱泳《履园丛话·杂记上》）

“人”字的讲究

清朝的陈修园是著名医家，著有《医学三字经》，在解释“人”字时说：“人”字具备阴与阳，“人”字左笔为阳，右笔为阴；阳清而轻，所以左丿（撇）轻；阴浊而重，所以右㇏（捺）重。阳中也有阴，所以左丿先重而后轻；阴中也有阳，所以右㇏先轻而后重。

长乐陈修园著《医学三字经》，其解“人”云：人具阴阳，人字左笔为阳，右笔为阴；阳清而轻，故左丿轻；阴浊而重，故右乀重。阳中亦有阴，故左丿先重而后轻；阴中亦有阳，故右乀先轻而后重。（清·施鸿保《闽杂记》卷八）

附录一

年度汉字

“年度汉字”活动起源于日本，时间是 1995 年。由“日本汉字能力鉴定协会”向全国征集一个代表性汉字，用以表现该年度所发生的重大事件及影响，并于每年 12 月 2 日前后在京都清水寺揭晓。选出的汉字一般由日本清水寺住持书写，并在寺中陈列一年。2006 年，在中国国家语言资源监测与研究中心网络媒体语言分中心、商务印书馆、新浪网主持下，中国开始年度关键字词评选，与日本不同，我国要评选出两个汉字，分别代表国内情势与国际情势。2008 年中国台湾地区，2011 年马来西亚、新加坡，2016 年中国香港地区等也相继展开这一活动。2001 年，韩国采用四字成语形式表现社会现象。

中国评选

2017 年，享 / 智（国内字 / 国际字）。

享：共享单车的普及，共享经济的发展。

智：智能化时代，人工智能产品不断推出。

2016 年，规 / 变（国内字 / 国际字）。

“规”：中华传统与时代需求的融合，规矩。

“变”：一带一路。

2015 年，廉 / 恐（国内字 / 国际字）。

“廉”：反腐；互联网 +。

“恐”：反恐。

2014 年，法 / 失（国内字 / 国际字）。

“法”：法治。

“失”：马航失联、阿航失联、乌克兰“失控”。

2013 年，房 / 争（国内字 / 国际字）

“房”：高居不下的房价。

“争”：叙利亚政府与反对派，美国两党的党派之争。

2012年，梦/衡（国内字/国际字）。

“梦”：奥运“梦”、飞天“梦”、航母“梦”、诺贝尔奖“梦”一一实现。

“衡”：世界多个国家的大选扎堆，选举本身以及之后如何“制衡”，备受瞩目。

2011年，控/债（国内字/国际字）。

“控”：有涨就有控，有涨就需控；一系列的“××控”，折射出“控”已成为一种生活状态。

“债”：欧债危机。

2010年，涨/乱（国内字/国际字）。

“涨”：物价上涨。

2009年，被/浮（国内字/国际字）。

“被”：“被××”结构的流行语，表达了公众对于公民权责名实相符的吁求。

“浮”：世事多变。

2008 年，和 / 争（国内字 / 国际字）。

“和”：国人共同经受了雪灾和地震的考验。

“争”：国际环境剧变，纷争骤起。

2007 年，涨 / 油（国内字 / 国际字）。

“涨”：石油价格不断上涨。

“油”：石油价格上涨。

2006 年，炒 / 乱（国内字 / 国际字）。

“炒”：炒作，炒股，炒鱿鱼。

“乱”：多极的国际关系，多变的热点问题。

日本评选

2017年，北。朝鲜半岛动向和局势感到不安；九州北部暴雨灾害。

2016年，金。8月份在里约热内卢举办的奥运会上，日本代表团取得了比想象成绩要好的金牌获得数；政治和金钱。

2015年，安。新安保法案通过，国民对此颇为关心。世界各地恐怖事件频发使人们很不安。

2014年，税。日本消费税率从5%提升到8%，与消费税相关话题成为舆论热点。

2013年，轮。东京获得2020年奥运会举办权

2012年，金。伦敦奥运会上日本代表队所获得的奖牌数创历史新高；京都大学教授山中伸弥获得了诺贝尔生理或医学奖。

2011年，绊。东日本大地震以及核事故的发生，提醒人们在灾难面前亲情的宝贵。

2010年，暑。该年夏季平均气温创下统计史上的新高；智利矿难中33名矿工熬过酷暑最终获救。

2009年，新。由民主党执政的新政权诞生及其一

系列大胆的政策革新、席卷全球的新型流感（甲型H 1 N 1 流感）、体育界频繁刷新纪录。

2008 年，变。日本首相的变动；美国总统奥巴马的竞选口号："Change"；原油价格暴起暴落

2007 年，伪。食品安全问题严重，多家企业涉事。

2006 年，命。日本皇室新生命悠仁亲王出生；北海道佐吕间町的龙卷风造成重大伤亡。

2005 年，爱。纪宫清子内亲王结婚；南亚大海啸灾害及美国卡特里娜风灾让世人感受到互爱的重要。

2004 年，灾。9 个台风侵袭日本；福井县美滨发电所发生热水及蒸气泄漏事故，造成 5 死 6 伤；三菱汽车设计缺陷隐匿事件。

2003 年，虎。日本政府派遣自卫队赴伊拉克；职业棒球联赛阪神虎队夺得久违 18 年的总冠军。

2002 年，归。日本经济回暖。

2001 年，战。美国 911 事件引发的反恐战争；全球经济景气下滑。

2000 年，金。田村亮子（现名谷亮子）凭女子柔道、高桥尚子凭女子马拉松获得悉尼奥运会金牌；朝韩对话；发行 2000 日圆纸币；长寿老人金婆婆逝世。

1999 年，末。世纪末来临。

1998 年，毒。和歌山咖喱下毒事件及其引发的多

起模仿下毒犯罪；有毒物质二噁英的污染问题。

1997年，倒。数家大企业倒闭；大银行濒临危机。

1996年，食。O−157大肠杆菌引发集体食物中毒，学校午餐供应受影响。

1995年，震。阪神大地震；奥姆真理教沙林毒气袭击事件。

新加坡评选

2017年，恐。频繁发生的恐袭。

2016年，变。全球政治和经济形势充满变数。

2015年，耀。李光耀的去世。

2014年，乱。即便我们处于一个相对有秩序的社会，但过去一年里，耳闻目见周遭发生的新闻事件，感到不安和不解。

2013年，霾。新加坡遭遇近年来最严重的霾害。

2012年，色。性丑闻，有政府高官、商业人士、教育工作者身陷其中。

2011年，涨。通货膨胀以及经济不景气。

马来西亚评选

2017 年，路。一带一路。

2016 年，贪。反腐呼声高涨。

2015 年，苦。消费税的征收、物价飞涨和马币贬值等，人民苦不堪言。

2014 年，航。马航两起空难事故。

2013 年，涨。物价上涨。

2012 年，改。改变思维、改革转型、改善环境、改正错误、改进生活。

2011 年，转。全球的气候转暖。

中国台湾地区评选

2017 年，茫。

2016 年，苦。

2015 年，换。

2014 年，黑。

2013 年，假。

2012 年，忧。

2011 年，赞。

2010 年，淡。

2009 年，盼。

2008 年，乱。

中国香港地区年度汉字

2017 年，贵。

2016 年，乱。

2015 年，法。

2014 年，融。

2013 年，和。

韩国年度成语评选

2017年，**破邪显正**

原因：彻底铲除积弊，不仅破邪，更能显正。希望新政府采取更根本的改革措施。

2016年，**君舟民水**

原因：朴槿惠因“闺蜜门”遭弹劾被停职。

2015年，**昏庸无道**

原因：从政府没能控制中东呼吸症候群（MRES）疫情蔓延，到要求执政党新世界党国会代表退党而极大地破坏了三权分立和议会制原则，以及历史教科书的“国定化”争议等导致国家资源的浪费，都显示2015年是昏庸无道的一年。

2014年，**指鹿为马**

原因：从“世越号”沉船惨案及“幕后红人干政”丑闻来看，政府试图掩盖事件的本质。

2013年，**倒行逆施**

原因：朴槿惠政府违背国民期望，一意孤行地实施使历史车轮倒转的政策和人事调整。

2012年，**举世皆浊**

原因：整个世界都是混浊的，无论地位高低，世上没有一个正直的人。

2011年，**掩耳盗钟**

原因：政府对各种事件的处理方式，一味按照自己的想法进行辩解。

2010年，**藏头露尾**

原因：在天安舰沉没、韩美自由贸易协定等事件上，政府未能交代清楚，呈现出“藏头露尾”的模样。

2009年，**旁岐曲径**

原因：政治界和政府对意见分歧的政治问题，不顾民意和正当的方法，独断处理。

2008年，**讳疾忌医**

出处：宋·周敦颐《周子通书·过》：“今人有过，

不喜人规，如讳疾而忌医，宁灭其身而无悟也。”

原因：政界缺乏虚心接受国民批评和忠告的姿态。

2007年，自欺欺人

出处：《朱子语类》：“因说自欺欺人曰：欺人亦是自欺，此又是自欺之甚者。”

原因：学术造假及涉及大财团和政府官员的一系列丑闻。

2006年，密云不雨

出处：《易·小畜》：“密云不雨，自我西郊。”

原因：总统的领导能力危机，社会各阶层的不满达到临界点

2005年，上火下泽

原因：相互背离、分裂。

2004年，党同伐异

出处：《后汉书·党锢传序》：“至有石渠分争之论，党同伐异之说。”

原因：派系争斗。

2003 年，**右往左往**

原因：卢武铉政府上台以后，各种改革举步维艰，国民感到彷徨。

2002 年，**离合集散**

原因：总统大选，各种政治势力出于对权力和利益的追逐，不断进行分分合合。

2001 年，**五里雾中**

出处：南朝·宋·范晔《后汉书·张楷传》：“性好道术，能作五里雾。”

原因：恐怖主义、战争的扩散、腐败的蔓延和经济不振。

附录二

《字触》

白话节选

一本书，在湮没了三百多年后，重新展现在我们眼前。三百年前，这本书的刻板、手稿葬送在作者点燃的一把大火中，之后，为数不多的刻本再次毁于《四库全书》的编纂中。这本书的名字叫《字触》，作者是周亮工。

周亮工（1612 ~ 1672），字元亮，号栎园，自称栎下老人。江西省金溪县合市乡人，原籍河南祥符（今开封），后移居金陵（今江苏南京）。明末清初文学家、篆刻家、收藏家。一生博览群书，著有《读画录》《印人传》《闽小记》等。

康熙九年，刚从京城牢狱中出来的周亮工，心灰意冷。半生宦海沉浮，换来的是一纸诬状，罪名是贪污受贿。官司前后打了六年，牵连上千人，虽然最终还了清白，但他仍旧心有余悸。他感到不安，这种不安源于朝廷的不信任。他想到了平日所写的文字，这些文字饱含着他对师长、朋友们的怀念，也透露出他对未来的隐隐担忧。

二十年前，周亮工写邹衣白临终将《富春山居图》付之一炬事，没想到二十年后，这种事轮到了他自己。邹衣白焚画，是因为爱；周亮工焚书，是因为怕。为了自身安全，为了子孙后代免于恐怖，他只能如此选择。

到乾隆朝，编纂《四库全书》，周亮工有十六部作品进呈，但因“语涉违碍”，这些著作全部撤毁。《字触》也在其中。然而，这本书并没有真的彻底消失，它自此转入民间，成了江湖人士谋生的教科书。

《字触》是周亮工的读书摘抄，他将历代典籍中涉及“字”的部分专门辑出，并根据其表现形式，分为六部，即廋、外、晰、几、谐、说。

“廋（sōu）”指的是隐语，通过隐晦的方法，用以表达作者的思想。“外”指通过对字的解释，而宣说道理，以起劝谕作用。“晰”指将一字分成几个字，以表达另一个意思，如“黄绢幼妇”就属此类。“几”指通过某些特定文字，而产生对现实的感慨。“谐”有类于谜语、拆字对联，可以启发智慧，引人思考，又可以博人一笑。“说”指归于文字本义，依据《说文解字》，对文字创制的真正含义进行了说明。

《字触》一书之所以为人们所重视，原因在于，它揭示了汉字与人、与社会的关系。如果明白了其中的道理，对于人生将有莫大的帮助。

廋部：专主分析其字，托之隐语

古诗说：藁砧今何在，山上复有山。何时大刀头，破镜飞上天。

藁砧称为“铁”，代表“夫”字。山上山，为“出”字。大刀头，有“镮”，代表“还”字。破镜飞上天，破镜好像半月，代表月初。此诗意为：月初夫还。

紫微王夫称赞长史许谧：“真身萧洒清逸，内通明而外和融。曾参出田，丹心同舟，素系三迁，来庇方头。”后四句离合为“思玄”二字。思玄，就是长史许谧的字。

王安石柄国时，有题相国寺壁云：“终岁（十二月也，青字）荒芜（草田也，苗字）湖浦焦（水去也，法字），贫女戴笠（安字）落柘条（石字）。阿侬（吴言也，误字）去家京洛（国字）遥，心惊寇盗（贼民也）来攻剽。”合之为“青苗法安石误国贼民也”。

董卓专权时，有歌谣说：“千里草，何青青。十日卜，犹不生。”又有道士在布上写个“吕”字给董卓看。董卓不明白，后被吕布所杀。

司马懿官拜司空之日，夜里有人叩门求见，自称是“白虎使者”，全都穿着白衣，从怀里取出一件东西放到司马懿手中，告诫道：“两代之内千万别打开，墓中绝。”说完不见。司马懿说：“这或许是运数吧。”于是打开观看，乃是一枚金龙，长约三四寸，背上有铭文：“父子从我受重火。”到武帝受禅，世系断绝，晋元帝渡江，建都建邺。

东晋桓灵宝时，朱雀门下忽然有两个小孩儿，全身漆黑如墨，互相应和着作《芒龙歌》，路边有几十小孩儿跟着呼应。歌是这样的：“芒龙首，绳缚腹。车无轴，倚孤木。”歌声悲伤凄楚，听的人忘记归去。日将晚，这两个小孩儿回到建康，来到桓灵宝的阁楼下，便变成一对涂漆的鼓槌。鼓吏都说：“鼓槌放这里很长时间了，常常失而复得，没想到幻化成人了。”第二年春，桓灵宝兵败。歌谣说“车（車）无轴，椅孤木”，为“桓”字。荆州守将把桓灵宝的头送回，用破囚笼包裹着，又把尸身用草绳捆住，沉到江中。这一切都如童谣所说。

晋·苻融曾担任司隶校尉。京兆人董丰游学三年后回来，路过妻子家留宿。这天晚上妻子被贼人杀害，妻兄怀疑是董丰所为，把董丰送官。董丰忍受不了严刑拷打，承认杀妻。苻融审查后感到有疑问，问道："你回来路上，遇到什么怪异的事以及卜筮吗？"董丰说："起初要出发时，晚上梦见乘马南渡河流，反过来又北渡，又从北向南，马停在水中，鞭打不走。低下头看，看见有两个太阳在水上，马左边白而湿，右边干燥。醒来后心跳，以为不吉祥。回来的晚上，又做了同样的梦。去问占卜的人，占卜的人说：'有刑狱之忧，远离三枕，回避三沐。'到家后，妻子准备盥洗用具，晚上给我枕头。我记起占卜人的话，全不依从。妻子就自己沐浴，枕着枕头睡觉。"苻融说："我已经知道了。马左边湿，湿，为'水'，左边水右边马，是个'冯'字。两个太阳，为'昌'字。难道是冯昌吗？"于是追查，把冯昌抓住审问，冯昌全都供认，说："本打算与他妻子谋杀董丰，约好以新盥洗用具、枕着枕头为记号，是此误杀了妇人。"

令狐相公镇守淮海时，支使班义与从事一起游览大时寺，在西廊房，忽然看到墙上有题诗，写着："一人堂堂，二曜同光，泉深尺一，点去冰傍，二人相连，不欠一边，三梁四柱，烈火烘然，除却双勾，两日不全。”幕僚们注目观看，停留了很长时间，不知是什么意思。班义说：“一人，这是‘大’字。‘二曜’，这是‘明’字。‘尺一’，十一寸，难道不是‘寺’字吗？‘点去冰’，为‘水’字。‘二人相连’，为‘天’字。‘不欠一边’，为‘下’字。‘三梁四柱’而受‘烈火’，是‘无（無）’字。‘两日’除去‘双勾’，这是‘比’字。这不就是‘大明寺水，天下无比’吗？”众人全都叹服道：“这与写出‘黄绢’八字的智慧相比，有什么差别呢！”令狐相公接连赞叹了好几天，向老僧打听此诗来历，僧说：“往年有客人独自游览，写完此诗便走了。”

郎中张环曾梦到有人告诉他：“老头伸了脚，切莫出头来。你的前程到此为止，要记下来。”张环自认为这梦不吉祥，只要遇到老人，便远远躲开，恐怕对自己不利，也不再有进取功名的志向。后来，张环中进士，任考功郎中。“老”字伸脚是“考”字，“切”字不出头为“功”字，张环禄位只到此为止。

南唐鲁崇范之妻，之前曾许诺嫁给几个人，可一到迎亲之夜，丈夫便死。一夜梦到有人对她说：“田头有鹿角，田尾有日炙，这才是你的丈夫。”嫁给鲁崇范后才明白这梦的意思。

明太祖朱元璋对刘基说：“我夜里梦到有三个人共戴着一顶血帽，这是什么意思？”刘基说：“三人共戴着一顶血帽，这是‘众（衆）’字之象，这是可得大众之兆。”过了几天，海宁果然全城投降。

叶简，剡县人，善于占卜。凡有贼人偷盗，全都知道姓名。有乡人丢了牛，叶简为之占卜，说：“占丢牛，已被家边之人弄到州城。要知贼姓一斤求，要知贼名十干头。”为邻居丘甲。

嘉禾人张巽，一直没有声名。嘉靖戊午年春，偶然梦到神人对他说：“成不成，平不平，绿水湾头问老僧。”等到乡试，直接评为劣等。从郡城走路回来时，路过佛寺稍作停留休息。有老僧献茶，并说：“解元请喝用茶。”张巽忽然想到之前的梦，问道：“这是什么地方？”老僧说：“绿水湾。”张巽既欢喜又疑惑。当年果然中解元。梦中所说“成不成，平不平”，乃是“戊午”二字。

新安某人的儿子得病，招扶乩的人进行占卜，得到“三春”二字。大家都认为没什么大事，可过了九天，这孩子却死了。这才明白，“三春”原来是“九日人”（只能活九天的人）的意思。

忠烈公杨涟，年轻时很豪放，不肯学习科举范文，别的学生心里都看不上他，只有彭幼朔对他很看好，认为他一定会有出息。癸卯年元旦对学生进行考试，彭幼朔在杨涟文章后批注：“但得三人同一口，九霄之上便飞腾。”杨涟在此科得到乡荐，主考官是孙如游、董复亨，房考考官是刘文琦，正应了“三人同口”预言。

有一个人为求儿子，向何仙祈梦。梦中见有人抱着一个西瓜给他，又看见有半个瓜子露在瓜的外面。圆梦的人祝贺道：“瓜的子最多，看来您要子孙满堂了。”可这人到老也没个一男半女，自认为前梦不灵验，并将此事告诉方大古，方大古笑着说：“瓜露出半个子，这不是说您‘孤’老终身吗？”此人这才领悟。

晋·潘岳写有离合诗，思念妻子杨氏：佃鱼始化，人民穴处。意守醇朴，音应律吕。桑梓被原，卉木在野。锡銮未设，金石弗举。害咎蠲清，吉德流普。溪谷可安，奚作栋宇。嫣然以熹，焉惧外侮。熙神委命，已求多祜。叹彼季末，口出择语。谁能默识，言丧厥所。垄亩之谚，龙潜岩阻。斟义崇乱，少长失叙。（这首诗离合后，可以得到诗题“思杨容姬难堪”。）

宋·孝武帝有离合诗：霏云起兮泛滥，雨霨昏而不消。意气悄以无乐，音尘寂而莫交。守边境以临敌，寸心厉于戎昭。阁盈图记，门满宾僚。仲秋始戒，中园初凋。池育秋莲，水灭寒漂。旨归途以易感，日月逝而难要。分中心而谁寄，人怀念而必谣。（此诗离合后，可以得到诗题“悲客他方”。）

谢灵运（385 ~ 433），南北朝时期杰出的诗人、文学家。曾作离合诗：古人怨信次，十日眇未央。加我怀缱绻，口咏情亦伤。剧哉归游客，处子忽相忘。（这首诗离合后，可得到“别”字。）

萧巡，南北朝梁人，字琛子。作离合诗《赠尚书令何敬容》：伎能本无取，枝叶复单贫。柯条谬承日，木石岂知晨。狗马诚能尽，犬羊非易驯。效颦既不似，学步孰能真。实由紊朝典，是曰蠹彝伦。俗化於兹鄙，人途自此分。(这首诗离合后，可得到“何敬容”三字。)

邓攸为淮南太守，梦到在水边行走，见一女子，猛兽在后面将其鞶囊咬断。占算的人认为：水边有女，是“汝”字；咬断鞶囊，这是新兽头替代旧兽头，不是迁任“汝阴”就是“汝南”。后来果然迁任汝阴。

王敦打算发动政变，梦到一根木头捅破天。王敦将此事讲给许逊听。许逊说：“不是好兆头。”当时吴猛也在座，说：“木头直上破天，这是‘未’字。您不可妄加行动。”王敦不听，因此失败。

西川费孝先善于占卜，举世闻名。有商客王旻囤货来到成都，请费孝先占卜。孝先说：“让你住，不要住；让你洗，不要洗。一石谷捣出三斗米。遇到明白的就可以活，遇到暗昧的就是个死。”并再三叮咛，让王旻记住这几句。王旻听从。行路途中遇雨，在一房屋下休息，屋下挤满了行路的人。王旻想：“让住不要住，难道是指这事吗？”于是冒雨前行。不久，房屋倒塌，只有王旻得以幸免。王妻与邻人串通，等王旻一回来，便将他毒死。二人约定：“今晚用新盥洗用具的就是王旻。”天将傍晚，王妻招呼王旻沐浴，并重新换了盥洗用具。王旻想起费孝先的话：“让洗不要洗，难道指的是这事？”坚持不依从。王妻很生气，却忘了与邻人之前的约定，反而自己沐浴，半夜为邻人杀害。王旻惊慌检视，不知所以，于是被囚禁。官府严加拷问，王旻不能自辩。郡守定案，王旻哭着说：“死是一定的了，可费孝先所说，终究没有应验。”左右人等将王旻所说告诉郡守。第二天，郡守招来王旻，问道：“你与谁为邻？”王旻说：“康七。”于是郡守派人抓捕。“杀你妻的，一定是这个人。”审问之下，果然。郡守对部下说：“一石谷捣出三斗米，难道不是康（糠）七吗？”王旻冤屈昭雪，真应了“遇到明白的就可以活”这句话了。

杭州临安县令张宣，赴吏部应选时，梦到一个女子说：“我是您所辖城中之客，家有十一口依托此地。”之后，张宣补任湖州安吉县令，这才明白梦的意思。女子，为“安”字。十一口，为“吉”字。等到任职届满，又梦到之前的女子对他说“您又要在我的家乡主政了。从前家属死亡将尽，而今只有三口为拖累了，您到任后数月也要辞去。”等到宣布任职命令，张宣被任命为杭州临安县令。张宣感叹道：“三口，这是

‘临（臨）’字；数月辞去，我难道有什么要担忧的吗？”到任半年，张宣死。

莆田太守廖梯，没有中第时，梦到枯木高一寸多，用篾子捆着，回头又见日落西山。廖梯内心愁闷，有道士对他说：“这梦不错。篾子捆着枯木，为‘困’字。日落西山，意思是时日不多。看来先生受困的日子不多了。”第二年果然及第。

外部：因一字而离合，连数字为引申

唐代司空李蚍，起初叫李虬。赶考之年，偶然将自己的名字写在墙壁上，过了一夜，忽然看到自己的名上被人添了一画，变成了“虱”字。李虬说：“虱，就是‘蚍’的意思。”于是改名为李蚍。第二年果然中第。

宋高宗微服出行，在集市遇到谢石，高宗隐身人群中，谢石不知他是皇帝。高宗用拄杖在地上写了个“一”字，让谢石看。谢石很吃惊，让高宗再写一个字。高宗又用拄杖在地上写了个“问”字，由于地不平，字的两竖向左右倾斜。谢石更加吃惊，说：“前一个字是‘土’上加个‘一’，是‘王’字。后一个字，‘问’字左右倾斜，左右看来都是‘君’字，您一定是皇上。”于是下拜。高宗说：“别多说，明天召见你。”第二天，高宗在便殿召见谢石，写了一个“春”字让谢石看，谢石上奏：“秦头太重，压日无光。”高宗没说话，重赏谢石，让他离开。当时，秦桧专权，听到此事大怒，暗中找了个茬儿，将谢石发配岭南。有一个兵卒押解前往。走到半路，遇到一个人，依山站立，举着相字的招牌。谢石自思：“这人也擅长相字术吗？”因此写了自己的姓——“谢”字让他看，相者笑着说："您也是相字术士呀。"谢石说："这话打哪儿说呢？"相者说："'谢'字正是寸言中立身（寥寥数语中安身立命）。"谢石又写了自己的名——"石"字让他看，相者说："真不是好兆头。'石'遇'卒'则'碎'，与您同行的就是'卒'。不知他姓什么？"兵卒答道："我姓皮。"相者很悲伤，对谢石说："'石'遇到'皮'就是'破'，看来您是回不来了。"谢石说："这是命中注定，逃是逃不掉的。看来您也精通相字术，请写一个字，我试着说说您的行迹。"相者说："我在这里就是一个字，还写个什么呢？"谢石说："人站在山傍，这是'仙'字，您难道是仙人？"相者笑而不答，转眼间，不知去了哪里。谢石也是再也没回来。

建炎年间，术士周生善于相字。皇帝到杭州，当时金人不断骚扰，人们心神不宁。执政叫周生，偶然写了一个"杭"字给他看，周生说："怕是有惊扰的报告。"于是拆解"杭"字，以右边一点配"木"旁上，即为"兀术"二字。没过十天，果然传来兀术南犯的消息。当时，赵鼎与秦桧关于皇帝立嗣一事意见不一，二人都想辞职，各写了一个"退"字给周生看，周生说："赵肯定会离开，秦肯定会留下来。'日'是君王之象，赵写的‘退’字，‘人’离‘日’较远；秦写的‘人’字，紧挨在‘日’的下面；字左面一笔与下面相连，而‘人’字左边一笔斜着贯穿，迹象显然，怎么可能退呢。”不久应验。

新安朱安国，善于相字。绍兴三十二年六月到鄱阳，这一年岁在壬午，朝廷开科场，学子们大部分在州学，很多人都向朱安国问卜。段毅夫写了个“飞”字，朱安国在旁边写道：“二九而升。”段毅夫问含义，朱安国说：“‘飞（飛）’这个字，从二、从九、从升，便依据笔画来说，不知是什么意思，不能立刻判断福祸。”等到秋试，段毅夫中了第十九名。朋友祝贺道：“十九，就是第二个九的意思，你一定便遇到。”之后在省试中失利。乾道元年乙酉年再次考试，又中了第十九名，这回中了进士。这才领悟“二九而升”，指的是两次十九才能成功。

洪适为参知政事，上奏章请求辞职，没如愿。朱安国来找洪迈（洪适之弟），洪迈说：“用书信中的字可以占算吗？”朱安国说：“可以。”洪迈指着信中的“去”让朱安国看。这个字略带草体，朱安国一边看一边感叹：“这个官员是贵人。今天您打算占问什么事呢？”洪迈说：“现任职两府，不久前极力请求离职。”朱安国说：“这个字正像‘天’字出了头，将要位极人臣，不用问何时离开了。”过了两个月，洪适任丞相。

朱棣没登帝位时，曾便装出行，问询一个相字的人，写了一个“帛”字让他看。相者跪地，口称死罪。朱棣大惊，问其原因。相者说：“皇头帝脚，你一定不是一般人。”又有一个人也写了一个“帛”字，相者说：“这是白巾，你一定要穿孝了。”

沈某以“金”字相问，马守愚说：“您难不成要在这五行中安身立命吗？可惜与小人结缘。三十年后，因为它而败毁，也因为它而有所收获。”后来，沈某因后妻的缘故，有争讼。又因此妻颇有能力，把持门户，沈某得以温饱。想起拆字到现在，恰好三十一年。

新安汪龙，双目失明，人称“瞎龙”，随手以物起课，多应验。有人问怀孕之事，写了一个“竹”字问汪龙，汪龙说：“两‘个’是双胞胎，要在二月，全是奇数，全是男孩，只怕活不久。”这人问：“为什么呢？”汪龙说：“这个时候的‘竹’子没有根底，所以不长久。”后果然如此。

有人以“耕”字问外出之人情况，汪龙说：“已经到了家乡了。”又以“耘”字相问，汪龙说：“离这里很近，正在田间与人交谈。”一会外出之人回来，询问情况，他说：“刚才在井字亭，与人聊了几句。”

有人以“尼”字问病情，汪龙说：“再加‘一夕’就成了‘尸（屍）’，明天必死。”又以“生”字相问，汪龙说：“明日为丑日，‘生’字，上是‘牛’字，下是‘土’，何况病人也不宜见‘泥土’，要死无疑。”第二天果然死了。

有人以“陀”字问官司吉凶，汪龙说：“这是都察院的状词。从字形上看，此案虎头蛇尾。从意思上看，为包庇他人。另外，读音与‘拖’相同，表示不能完成，恐怕不能结案，拖时间而已。”

有人以“唐”字问母亲病情，汪龙说：“上面是‘康’字的头，下面是‘居’字的脚，表示一切安康，没什么事。”

一天，有罪犯同押解役吏来到汪龙门外问卜，罪犯曾听说过御史磨墨而得好兆之事，也依样取墨来磨，磨墨时手法沉重，气息粗重，砚台翻倒，墨泼了一桌子。汪龙说：“不用磨了，你是乌台重犯呀。”罪犯问：“还能生还吗？”汪龙说：“虽然不会马上死，可你是重案犯，已经定了案，难以推翻。”罪犯哭着说：“我‘运’数看来也就这样了，不‘用’盼着能‘生’还了。”汪龙说：“你这一哭，死期可以推迟七年。遇戌（狗）年碰到吕姓官员，你就喊冤，可改判充军发配之罪，丑（牛）年可以回来。因为‘哭’字有两个口，合为‘吕’字；下面是‘犬’为‘戌’；‘运（運）’字可拆为‘军（軍）’；‘用’字可拆为‘川’；‘罪’字为‘四川’，‘生’字形像‘丑’。”

汪龙有徒弟，河南人，打算辞归乡里，对汪龙说：“明天有一宗买卖，请老师帮着弟子凑些路费。”汪龙问其原因，徒弟说：“刚才收拾行李，担心没有路费，偶然看到东墙残月升起，知道要有盗贼送钱来问卜。可晚些时候有捕快从西边来问卜，捕快给的钱是您的。”五更天，有人敲门，徒弟说：“不用多说，只要往西北方向走，自然无事。”门外人说：“果真像你所说吗？”徒弟说：“没错。”门外的人说：“有谢礼从后墙扔进去了，请收下。”徒弟便去拿。一会儿，有两名捕快前来占问，以《易经》中“文王”二字问盗贼逃跑方向。汪龙暗想：“文王，就是西伯，本应当向西北抓捕。”可又怕对不起徒弟之前的一番话，信口对捕快说，往东南方向追赶即可。盗贼因此得以逃脱。

乡里父老之子，在楚地做生意，几年不回。马守愚刚好在东藏寺，老人拄着拐杖前去，找他问卜。刚见面，老人便将拐杖倚靠在米箱上，施礼。马守愚问事由，老人据实回答。马守愚说：“您的儿子已经到家了，您快回去吧。‘米’字中间贯穿个‘木’字，不是‘来’又是什么呢？”老人回家，他的儿子正在门前等候。

福建惠安人郑仰田，善于拆字。崇祯丙子年，郑仰田在南方，临淮侯李宗城请他前来问事：“南边的范大司马进行支援，可以吗？”当时李宗城正在下象棋，并以棋子中的“马”示意，郑仰田说：“马走日，今天下雨，不能走呀。”李宗城又问：“北边的张大司马没事吧？”说着以手中犀杯示意，郑仰田说：“‘犀’字是‘尸’字在身上，就是个死呀。”李宗城说：“只是夺去官位吗？”郑仰田说：“现在走也迟了。”后果然如其所说。

倪鸿宝先生为祭酒时，与温体仁不和，打算辞职，在一个官员举办的酒席上遇到郑仰田，起初没有通报姓名，只以骰子的红色四点让郑仰田推算。郑仰田说："在京四品官中，能掌握实权的只有大司成，您莫不是祭酒倪公？"倪鸿宝点头认可。郑仰田说："您一定是与主事官员不和，名字中带个'骨'字的人，就是他。因为骰子由骨头做成，四边都有棱角，不能刻成圆的，因此知道您与他不和。您打算归隐吗？一定如愿。因为骰子整体是方的，像'口'，'四'也像'口'，二'口'合为'回'字。"后来果然如此。

张庄节镇守山东时，其子张遗要去看望，因此询问吉凶，随手翻开书案上的一本书，一下翻到《太平御览·第五十二卷终》。郑仰田说："这个人，乃是大人，曾经为国平定叛乱而被皇上关注，其尊贵是肯定的了。可是到了卷末，文章就结束了。文章之事结束必然改为用武，难道是以武力扬名吗？"张遗又往下翻了一页，为"五十三卷神仙"，郑仰田问："您父亲高寿？"张遗说："时年五十二岁。"郑仰田说："奇怪呀，太平本是将军定，不许将军见太平。难道是要急流勇退，效法神仙吗？”第二年赶上局势有变，张庄节在太平楼殉难，世寿正好五十三。就是这么神奇。

有一个官宦家的子弟参加科考，拿出袖中的汗巾问卜。卜者说：“你家是三代都中过进士吗？”问卜者答：“是的。”卜者说：“您是想得中，可惜肚里没货。因为‘汗’字好像由‘三’和倒写的‘士’构成，而‘巾’字则是少了下面一横的‘中’字。”

某先生退休归乡，一年后，招呼马守愚到他的府中，写了一个“休”字问询。马守愚拿着字，迎着日光，反复细看，忽然说：“怪呀，一转眼就变成了‘兵’字，兵部尚书一直空缺，除了您，还会是谁呢？”某先生笑着说：“我不过是长安百姓，好久不做升官的梦了，您别说了。”没过多久，朝鲜有事，某先生因有守卫边疆的能力而得到推荐，任职少司马。

有人以“午”字问儿子病情，栎公说：“上面是‘人’字，卧倒不起来，下为数的终端，问病怎能见到这样的字呢。”后果然如所说。

有人以“静”字预测乡试几人能得中。栎公说：

“十二月才揭晓，‘争’字是‘解’元头，得中七人，城里五人，城外二人。”果然如此。有人问缘由，栎公说：“测这个字时，偶然想到小时所学‘天子争臣七人，诸侯争臣五人’这句话。城内是诸侯所在之地，所以说是五人；城外远离京师，所以说是二人；因为远于京师北直隶，所以不说七人，只是与城内人数相合为七人。”

有人用“子”字问怀孕生产之事，栎公说：“一个丫头，不是女孩又是什么呢？”果然应验。

冯公的小吏走失，于是在仆人手上写了个“走”字，找栎公询问。当时还有一个仆人一同前去。栎公说：“双人加走就是‘徒’，你们寻找是白费力。然而，这人也不用找，不久会死。因为‘走’字折为土下人。”第三天发现小吏死在大堤下。

一个读书人要考秀才，写了个“携”字询问。栎公说：“你问考试的事，一定不会如意。因为‘携’字是既不像‘进’字，又不像‘秀’字，也不像‘才’字。”后来果然如此。

有传言说谢柟公的儿子因考试落第，一怒之下便剃发为僧了。谢柟公十分担心，写“几（幾）”字来问栎公。栎公说：“丝在人的头上，指的是头发。旁边放着一戈，剃发是一定的了。”后来果然如此。

闵君的母亲得病，闵君就用“闵”字来问栎公。栎公说：“持文登门，不是有丧事，就是有喜事。有病人躺在床上，别无喜事，必是丧事要来了，何况‘闵’字有‘门内女子不成’之象，恐怕你的母亲要不成了。”过了几天果然这样。

有人以“今”字问怀孕事，栎公说：“这字拆为‘人一丁’，必生男孩。”问在何日，栎公说：“逢丁日才生，在念（廿）日，因有‘念’字的头。”问是否大小平安，栎公说：“眼下是夏天火气兴旺，又在丁日生产，正好乘着兴旺之地，主母子平安。”

有人询问考试的事，写了一个“串”字，相字人说：“不仅乡试可以得中，会试也应当得中。因为‘串’字寓意为两个‘中’字。”有书生在旁边，也写了一个“串”字相问，相字人说：“你不但乡试不中，还有疾患。”书生询问缘由，相字人说：“他是无心而写，因此按字形推断；你是有心而写，必然要在‘串’字下加个‘心’字，所以就成了‘患’字。”

杭州人有朋友姓刘，写了一个“代”字问一个生死，吴崧说：“这人一定是您的至亲，是个有道德的人，好像因为骨肉不和的事，所以隐藏躲避。”刘说：“是的。我大哥与最小的弟有纠纷，打了好几年官司。我要问的是我的二哥，他长年吃斋念佛，看到兄弟间矛盾很大，便加以劝告，可没人听，忽然离家，不知去哪儿了。我想知道他在什么方位，所以来问。”吴崧说：“还在杭州。”刘问：“何时能相见？”吴崧说：“要到明年九月才能相见。”刘要求解释，吴崧说：“从字势上看，与‘休戚’二字相似，所以知道是至亲。从字形上看，与‘信义’二字相似，所以知道是有道行的人。从字上看，与‘伤残’二字相像，所以知道是骨肉纠纷。字中含有‘伏藏’二字的结构，所以说隐藏躲避。杭州周边是仁和、钱塘二县，这个字介于‘仁钱’之间，所以知道是在杭州。立人旁，‘人’字谐音‘壬’相同；‘戈’字边，‘戈’字字形像‘戌’，明年九月是壬戌，故推断在此时相见。”刘称谢离开。等到乙巳年春，吴崧与刘相遇，刘满口夸赞吴崧占断灵验，他的二哥果然还在杭州，等到长兄与小弟后悔，官司解除，九月间又回来了。

张先生写“女”字问婚事，问姓什么，张先生说：“姓张。”吴崧解释道：“张姓郡望在清河，属水，‘女’字得水为‘汝’字，正是你要嫁女。”问情况，吴崧说：“子日占算‘女’字是‘好’，女加立为‘妾’字，‘女’为‘婢’字少了‘卑’，这人可以成为妾，就算作婢女也不卑贱，而且一定是沉默寡言，能治理家务。”张先生很高兴，只是不信。事后，张先生又前来，说：“您说的无不应验。我这女儿原本让人买去作婢女，现今见她寡言贤惠，要将她立为妾。请问，您怎么知道她寡言呢？”吴崧说：“‘女’字乃是如夫人的‘如’字不显露‘口’，所以知道。”

有朋友写了“七”字问儿子眼病，吴崧说：“眼睛已经坏了一半，另一半快痊愈了。”朋友吃惊地说：“犬子确实坏了一只眼，您怎么知道的？”吴崧说：“目是北方水。‘七’字为‘北’字的一半，所以知道坏一只眼。”朋友又问：“如何知道一眼快痊愈呢？”吴崧说：“‘七’为‘皂’字去掉‘白’。皂白已经分明，所以知道快好了。”

庚子年冬，五陈公写了个“砚”字询问家业，吴崧说：“破字的边，完字的尾，先破败后完满。”又问妻儿情况，吴崧说：“只是这二件事难说。‘石’字有生‘辰’断裂之象，夫人性命有所损伤。‘见’是‘儿’字残缺之形象，儿子也有伤害。”五陈公没有在意。五陈公只有一个儿字，仪表不凡，辛丑年忽然出事死亡。夫人跟着灵柩回楚地，因过度悲伤，一年后也死了。

有一位泰州的朋友，写了一个“聿”字问科考名次，吴崧说：“依这个字，应当是二等位次靠前。”考试名单公布，果然如此。朋友又来，请求详细解说，吴松说：“这个字是‘书（書）’没有尾巴，‘笔（筆）’字没有脑袋，书和笔都不完整，可知不可能是一等。‘聿’字是‘肆’字的一半，所以判断为二等。‘聿’字第二画长，所以肯定位次靠前。”

有一个指着飞鸟说：“鸟字，问家中吉凶。”吴崧说：“你夫人得病了。”这人大惊，说：“我夫人原来身体不好，不知近来如何，所以才问。”吴崧说：“病情加重，你快回去。”问：“不会有性命之虞吧？”吴崧说：“恐怕性命难保，过不了几天就有消息传来。”第二天，死讯传来，这人问推断的理由，吴崧说：“鸟是禽类，‘禽’字由‘内人凶’三字组成，故知你夫人病危。‘鸟’字是‘鸣’字无‘口’，为病重难活。飞过之年，为消息很快传来。”

方楼冈先生问一人是不是快来了，用两指在膝盖间虚写了一个“行”字，吴崧说：“来的人一定是你的兄弟，排行不是第二就是第三。”当时太翁先生也在座，惊讶道：“你怎么知道的？”吴崧说：“两指在膝盖间写字，意思是膝前手足兄弟。写字时没用到第四指，所以判断排行在第二第三。”方楼冈说：“真神奇，我要问的真是三弟的归期。”吴崧说：“‘行’字，是‘吾’已出‘衙’之象，现今当在路上。”不久，如其判断。

有一个姓汪的人，家住芜湖，自己很善于拆字。考试后求占，用笔点了一个点（丶），问道：“我是一等一名吗？”吴崧说：“一等还可以期盼一下，想排名靠前，没戏。”汪生说：“点是‘文’字的第一笔，怎能不排名前列呢？”心里不服，说：“等发榜后再说。”发榜，果然是一等最末。汪生又来到吴崧处，说：“你是怎么知道的？”吴崧说：“你只知道一点是‘文’

字的第一笔，却不知一点是‘等’字的最后一笔。”

吴崧路过京口，有旧交姓于，因官司在镇江，没等到亲人，求吴崧推算。他随手在医书中指了个“泻”字，吴崧说：“你要等的人中途有事有阻，现今已经到了。”问在什么时候，吴崧说：“马上就到。”茶还没煎好，人果然来了，因路上染上霍乱，所以迟到。于氏欢喜称谢，说：“想听听字中的道理。”吴崧说：“‘泻（瀉）头像‘门（門）字，字形像‘马’字，三点水借用为镇江的‘江’字；马已经到了镇江边上，所以知道你要等的人快到了。字中有‘且’字，所以知道中途遇阻。”于氏深表叹服。

盐道朱公说：“我弟返回北京，走的时候身体不好，途中还好吗？”请吴崧推算，随手写了个“此”字。吴崧说：“‘此’字用来推算兄弟，不吉利。‘此’字与‘比’字相似，比肩为兄弟。‘比’的旁边多了一竖，又以‘止’字领头，这意思是说兄弟之情到此为止。何况字形与‘死’相似，还能活吗？”朱公又问：“能到家吗？”吴崧说：“‘此’字与‘北’字字形相去不远，纵然不能到家，也离得很近了。”十天后接到消息，朱公弟弟死在河西务。

有一位姓杨的人，与朋友一起北游，船到邗关，突然流鼻血不止，杨友写“已”字询问，吴崧说：“这是凶兆，过不了明天。”杨友说：“鼻子流血，能死人呀？”不信离开。次日，杨氏前来，说：“昨天回到船上，鼻血倒是不流了，没想到半夜吐血身亡，不知道理何在？”吴崧说：“‘已’字加上一个‘夕’字，就是‘死’字，所以推断为过不了明天。”

真定府周根部，游览姑苏，写了一个“甲”字问生平事业。吴崧说：“进士。”周说：“何以见得？”吴崧说：“‘甲’字是‘墨’字的头，难道不是高中吗？”周笑着说：“是的，您知道我是哪科得中的吗？”吴崧说：“从字上看，在‘庚’年成就一半，在‘丑’年全部成就，一定是庚子、辛丑两科。”周公叹服。

甲申年，栎公因事受困在秣陵，江西的族子前来询问。当时栎公妾正怀孕，栎公让族子写一个，以推断事情吉凶。族子写了一个“喜”字，栎公说：“真幸运呀，廿日以前，事情就会解脱。”族子说：“廿日以前是大吉吗？”栎公说：“不是，只是有所解围而已。廿日之后，当生一个女孩，因为男孩称为一丁，女孩称为一口。”后来廿日之前，事情得以解脱；廿日之后，生了一个女孩。

海寇围攻福建，撤退后三天，忽然满山生起白烟。当时官军在泉州以南，而海寇又没走远，大家都很疑惑。巡抚让司理何棣写了一个“白”字让栎公看，栎公说：“这是大兵，因为这个字有‘兵’字之形，而且从泉州来，不是大兵又是什么呢？”何棣又问：“什么时候进城？”栎公说：“字的第一笔是撇（丿），是‘八’字的一半，也就是‘四’；又是‘早’字的头，初一与初十全都过去了，当在廿四日早晨。”之后消息传来，果然大兵从泉州赶到。廿七日，方襄璞到城下迎接，栎公在城楼上高呼：“肯定是在明天早晨。”襄璞笑着说：“你是神仙呀，不一定每件事都说对。”天晚，襄璞回来说：“领兵的人说明早入城。”栎公的推断就是如此灵验。

同学周方，写“六”字给栎公看。栎公说：“看什么事？”周说：“我不说，你很会推测，试着说说。”栎公说：“这是一件大事，而今办坏了，因为‘六’字有‘大’字之形，而分成三段。这是众人之事，之后由一人承担，因为‘人’字分在三个地方，由中间一画承担起来。这件事预示着在上面的人很为下面人着想，而下面的人也能从上面的人那里得到好处，怎奈有一人从中作梗，此人很有实力，这件事应当办不成。‘六’字，上面一点代表‘乾，下面二点代表‘坤’，天地不能交通，是否塞不通。”周说：“邑中长辈以田地周济穷人，穷人纷纷争抢，于是事情发生变化。我打算一人担当此事，长辈也很愿意，而邑中豪绅却从中干扰，这件事便没办成。”栎公说：“不仅如此，你有弟弟吗？”周说：“有一个弟弟。”栎公说：“他活不了了，因为字下二点，左边为兄，右边为弟，现今你写的这个‘六’字右边，一撇（丿）跳出格外，你弟弟活不长了。”周半笑半怒道：“胡说！”没过半个月，在路上遇到周，白衣白冠，周说：“你以一个字就杀了我弟弟，他几天前突然得病死了。”

宴席之间，有人用“九”字问孕妇情况，栎公说：“您还没有孩子呀？现今所生之子必然不平凡。因为‘九’字像兄不是兄，所以知道之前没有孩子。九，是阳数，所以当生男孩。字像‘凡’而不是凡，所以知道不平凡。”栎公又问这个：“怀孕的是妾吗？”答：“您怎么知道的？”栎公说：“字像‘元’不是元，所以知道不是原配。以‘九’字加入室（宀）中，像‘宄’字，在外称之为奸，在内称之为宄，要小心室中不测。”这人说：“神奇呀！我有点儿资财，屋内也几房小妾。这个怀孕的是婢女，群妾很忌妒，千方百计想让她堕胎，怎么办，能保全吗？”栎公说：“‘九’为‘完’字的尾，何必担心。”这人后来果生个儿子。

临邛费孝先山人，在成都以占卜为生五十年，自称得到管辂的占算术。他画的卦有歌词有影像，世人都称之为奇术，成都周边士大夫求占问卜的人很多。其中最奇怪的，是通过文字便知吉凶。而同一个字，几个人都占算到，结果却不相同。有一个郎官，占到个“解”字，不久便派往解州。有一个举子，也占到个“解”字，当年以第一名录取。有一个混蛋，也占到个解字，不久正法。牛角有刀，为“解”字。这事没法知道。

有老斋仆叫王明，年轻时也曾读过书，因为家贫，放弃学业成为仆役。写了一个“庆（慶）”字给朱安国看，朱安国笑着说：“这人虽是仆役，可总想着成为读书人，事不如愿便心生怨恨。字中‘必’字笔势偏左，主左脚有残疾，早晚却有婚姻之喜。”在座的人说：“您说的很准。这人三十岁时得了风湿，因此左脚不灵光。但是，他今年已经七十，也有妻子，你后面这句话从哪儿说起呢？”过了十几天，王明为人家嫁女作媒，得到很多谢礼。

徽州太守见汪龙门庭若市，担心其迷惑大众，打算处分他。一天把汪龙找来，问：“我手里是什么东西？你如果说得上来，就放过你；说不上来，当场乱棒打死。”汪龙请求以一件东西示意，这样才可以推算。当时堂下有少妇喊冤，太守便指着少妇示意，汪龙说：“手中一个麻雀而已。”太守惊讶地说：“活的还是死的？”汪龙说：“生死掌握在老爷手中。”太守说：“可以与这瞎子聊聊了。”因为说活的，就把麻雀捏死；说死的，则张手放生，太守也知道汪龙这话的意思。太守问：“为什么说是麻雀呢？”汪龙说：“这个少妇是年少佳人，又穿着孝服，以此意思进行解释，就是麻雀。”

魏忠贤专权时，写了一个“囚”字相问，郑仰田说：“这是把持国政的人呀。”魏忠贤又写了一个“饥（飢）”字，郑仰田说：“这不是个凡人，也是个不良人。”魏忠贤很惊讶，把郑仰田打发走。

有人以瓜子问父病情，汪龙说：“死期快到了。

‘瓜子’合为‘孤’字，因此知道肯定活不了了。”

一人以汗巾问府城考试能否通过，汪龙说：“不但可以府取，还可以入泮，一定会有青领衣与方巾的（青领衣与方巾，这是秀才的服式。此处指中秀才）。因为‘布’，字形像‘有’，‘汗’，字形像‘泮’。巾，指的是衣巾，汗巾的颜色很新，一定有更新的意思。”还有一个与此相似的故事，有一个官宦家的子弟参加科考，拿出袖中的汗巾问卜。卜者说：“你家是三代都中过进士吗？”问卜者答：“是的。”卜者说：“您是想得中，可惜肚里没货。因为‘汗’字好像由‘三’和倒写的‘士’构成，而‘巾’字则是少了下面一横的‘中’字。”

天启年间，将要通过占卜决定宰相，魏广微指着“全”字让郑仰田推算，郑仰田说“‘全’字由‘人’和‘王’构成，‘王’字四画，应当有四个人当宰相。”魏广微问他们姓名，郑仰田说：“‘全’字减去三画为‘土’，应当有一个名字中带‘土’的。减去四画为‘丁’，应当有一个姓‘丁’的。减去两画，交叉为‘木’，当有一个名字里有‘木’的。将所减笔画合而为一，应当有一个名叫‘全’的。”魏广微说：“名字里有‘木’的，莫非是林尚书吗？”郑仰田说：“独木不成林。‘木’指的是名，不是姓。”之后莆田（周如盘）、贵池（丁绍轼）、元城（黄立极）、涿州（冯铨）四人拜相，皆如郑仰田所说。

有一个姓钱的人替亲戚占官司事，在《易经》中指着坤卦示意，吴崧说：“这事从家内引起，祸事自外而来，幸好有朋友帮着化解，没大碍。”钱氏说：“太神奇了。同胞兄弟间因为小事夜里起了纷争，地方上的人说弟弟要杀哥哥，报告了官府，官司打了半年了。现托一位贵人调停，还请您推断一下这事会如何发展。”吴崧说：“‘坤’为六断之象，在‘门（門）’字以内，在‘非’字之外，所以说是从家门内引起，而是非从外面而来。又有‘朋’友帮助化解之象，所以说有人调停。六断（指坤卦）用在‘罪’字两边，所以知道已无大碍。”几天后，官司平息。

李昼公写了一个“叶（葉）”字问病，吴崧说：“‘世’字在草木之中，这是要离开人世了，不是吉兆。字有‘弃（棄）’的形状，说是‘药（藥）’字也不像，这病恐怕是错用了药而导致死亡。”没过几天，丧讯传来，李昼公的弟弟李玉跂，考试后受寒，误服补药而亡。

聂善充被一个姓王的人控告，求和解不成，写了一个“元”字占问。吴崧说：“官司想和解，人家不同意，之后可以反败为胜。遇七遇八就可了结，你不用担心。”十七日审理，原告喝醉酒，触犯审判的人，乱棒打出。聂善充大喜，回来问缘由。吴崧说：“‘元’字加‘官’字的头，为‘完’字，所以终究要见官才算完结。字像‘允’可不是允，故想要和解而不成。‘王’姓加上‘元’字为‘玩’，他姓王，所以你可以反败为胜。这个字是‘六’的头，‘九’的脚，所以知道遇七遇八，官司结在六与九之间。”聂大为折服。

有一个朋友姓王，家人的妻子早晨上街买东西没回来，王指着账册中的“叁拾”二字占问。吴崧说：“这人跑了，快快追赶。”又打开账册指着“陆拾”二字问逃跑方向，吴崧说：“太平。”派人追寻，果然找到。王询问原因，吴崧说：“‘叁拾’是大写的三十，大三十合成‘奔’字，所以知道她跑了。‘陆拾’为大写的六十，大六十三字，是‘太平’二字，所以知道在太平。”

晰部：以剖析为名，不外离合

侯景曾对人说：“‘侯’字为人字边，为主，下为人，这分明是‘人主’呀。”台城攻陷，梁武帝曾对人说：“侯景必然要称帝，但不能长久。拆分‘侯景’二字，就是‘小人百日天子’，就算作皇帝也就一百天。”按：侯景在辛未年十一月十九日篡位，壬申年三月十九日兵败，计一百二十日，而侯景在三月一日便去了姑孰，总计在宫殿的日子正好一百天，武帝所说竟然应验。

齐文宣帝改年号为天保，士人中有见识深远的人说：“‘天保’二字，拆开就是‘一大人只十’，称帝不过十年吗？”天保十年（559）暴亡，年三十余。

唐太宗问一行禅师世系辈数，一行做叶子格进呈，叶子上写有“二十世李”一句。自高祖到哀帝，唐朝共有二十位皇帝。

宋太宗改年号太平，有相士说：“‘太平’二字，为‘一人六十’，寿命只有这么长了。”太宗死时，果然应验了这话。

熙宁末年，宋神宗改换年号，近臣拟了“丰亨”进呈，皇帝指着“亨”字说：“这是‘子’不成呀，可以去掉‘亨’而加‘元’字。”故此改为“元丰”纪年。

宋钦宗改年号为“靖康”，术士说：“‘靖’字的意思是立十二个月。”才一年，钦宗被俘北去。

嘉泰元年辛酉三月二十八日，大火烧毁御史台、司农寺、将作监、进奏文思院、太史局、皇城司、法物库，及军民五万二千四百家，连绵三十里，烧了四昼夜才熄灭。当时有术士说：“年号的‘嘉’字像‘三十五万口’，‘泰’字像‘三月二十八日’。”又都城百姓聊天，多谈及“红藕”二字。藕有二十八条丝，“红”指的是火，都为谶语。

刘命熙祖父住在越地，得病。刘在钱塘请来张乘槎，写了一个“丰（豐）”字占问。张乘槎说：“已经死了，还占个什么呢？”当晚死讯果然传来。改天，刘命熙询问原因，张乘槎说：“‘丰’字的形状，‘山’是墓地所在，两个‘丰’是墓上的树，‘豆’是祭祀用品。征兆如此，怎能不死呢？”

刘常心里有事，打算占问，请张乘槎前来而不说是什么事，试着让他说说看，作为考验。张乘槎说：“要写一个字才能占。”正好旁边有一个小学生，在习写《千字文》到“德建名立”处，刘便指着“德”字让张乘槎占测。槎说：“你打算占问远行的人呀。”刘说：“是。他什么时候能来？”槎说：“从今天算，十四天内一定回来。”刘说：“恐怕事情办不完，不肯前来。”槎说：“一心想要前来。”后果然如其所说。刘问原因，槎说：“‘德’字是双立人旁，指的是远行的人，所以知道所占之事。右边上有‘十四’二字，故说十四天。下面有‘一心’二字，所以说一心要前来。”

万历初年，马守愚来到乡里，不知何许人，擅长谢石相字术，多有应验。有做媒的人以“吉帖”二字相问，马守愚说：“这桩婚事已撮合成功。因为‘帖’字的巾字旁横在‘吉’字下，字形很像‘喜’字。但成功后还有忧虑，‘吉’下的‘口’在‘巾’上，仿佛一个‘吊’字。”后来果然应验。

万历庚辰年，董伯念与父亲一起参加科考，问卜。龙说：“试着拿一件东西来。”刚好几案上摆着象棋，伯念取了个“士”给他。龙问：“今年多大？”伯念说：“庚申年生人。”龙说：“足下今年必然得中，名次一定排在第十一。”伯念问原因，龙说：“你是庚申年生人，今年二十一岁。今天徒步前来，这是‘之’的象，二十之人再加一个‘之’字，难道不是‘进（進）’吗？又拿了个‘士’，不就是进士吗？‘士’字，拆为‘十一’。另外，棋为木制，你生年属石榴木命，木数为三八，总而言之，数为十一，故说排名为第十一。”董父来得晚些，也拿了个“士”相问，龙说：“这是您儿子拿剩下的东西，您已落在第二。二木，就是‘未’字。您若得中，难道在癸未吗？”之后如其言。

有人以“字”字问怀孕事，相者说：“寅的头，子的尾，不是寅日就是子日，应验在丑时，因为‘丑’在子、寅之间。是女孩，因为‘字’，女子出嫁叫作‘字’。”果然在这一天的丑时生了个女孩。

某人儿子生命垂危，写“天”字让栎公看。栎公说：“‘工’下之‘人’没有断，子嗣怎能断呢？”后来果然没事。某人名字里有个“工”字。

陆士冲生命垂危，朋友写“好”字让栎公看。栎公说：“只剩下‘子女’了，还能怎么办呢？”于是不救而亡。

有人写“可”字让栎公看，栎公说：“称男子为一丁，称女子为一口，一定是问婚姻。”那人答：“是。”栎公说：“成是一定能成的，但男方家族兴盛，有轻视女家之心，终究此女要被男方伤害。因为‘丁’字太旺，‘口’不能加以抵挡。”几年后应验。

闵君妻子生病，闵君写“闺”字让栎公看。栎公说：“君姓闵，写‘闺’字，以‘玉’替换了‘文’，这是以素色替换了彩色。‘圭’字去头，这叫闺中不全。并且字有门内一土之象，恐没有指望了。”到扬州死。

几部：观象以知文，感幽以著说，而吉凶祸福居然不爽

汉高祖起初是亭长，梦见追一只羊，拔掉了羊的角和尾巴。占者说：“羊没了角和尾巴，这是‘王’字。”后来果然成为汉王而主宰天下。

蒋琬得到诸葛亮推荐后，夜里梦到一个牛头在门前，流血不止。蒋琬很是厌恶，叫来负责占梦的赵直询问，赵直说：“所谓见血，表示事情分明。牛角与鼻，这是‘公’字之象，您的官位必定会到‘公’这一级，这是大吉的象征。”后来，蒋琬官至大司马。

北周宣帝宇文赟还是太子时，不守规矩，武帝多次责打他。等到宇文赟即位，摸着伤痕大骂道：“死得太晚了。”这一年改年号为“大象”，萧岿又离合这二字说：“这是天子冢呀。”第二年，宇文赟死。

隋炀帝年号为“大业（業）”，有见识的人说：“这二字离合为‘大苦’。”不久天下大乱，全国百姓陷入痛苦之中。

洛阳杜元有一头牛，很是爱惜，夜里梦到牛有两条尾巴。杜元便向占卜人李仙药询问，李仙药说：“‘牛’字有两条尾巴，这是‘失’字。”过了几天，牛果然丢了。

宋主有病，梦到河里没水，认为不吉祥。占者说：“河没水，这是‘可’字，您的病快好了。”果然痊愈。

叶祖洽赴京应试，梦到惠应王指着殿下的一束竹子示意。之前殿试，采用文赋的形式，等到叶祖洽考试时，开始使用策问形式。因为一束竹，就是“策”字。这一年，叶祖洽考中状元。

弓輿，潭州人。乾道四年冬，与同乡六七个人一起赴省应试。路过江西宜春，拜谒仰山祠祈梦。梦中来到官府，见柱子上有一张告示，上面写着“弓輿不得”四字，但“不”字稍微连接上下，而中间留出空白。醒来心里不高兴，自认为一定考不中。等到考试后，弓輿中选，同时祈梦的人全都没考中。弓輿这才将梦对人说起，认为梦不准。有好事者说：“‘不’字断开，为‘一个’，告示上说的是只有弓輿一个人可以考中呀。”

陈炳曾做梦，梦到他的孙子师道与一犬站在圆板上，醒来不知梦是什么意思，于是向杜庶询问。杜庶说："犬站在板上，这是犬旁有木板的意思。圆板，意思是一片。'片'加上'犬'，这是'状'字，而且是圆的，您孙子难道要作状元吗？"陈炳听后很高兴。咸淳中，师道果然中了状元，官至参知政事。

大学士解缙参加会试时，有庐陵举人叫沈举，为南方乡试第一名。等到廷试，忽然梦到头上生了羊角。有同年考中的人说："看来头角峥嵘在此一举了。"旁边一人说："不是的，羊角为'解'字，恐怕有'解'姓的人会居首位呀。"等到唱名，解缙果然居首位。

一个儒士参加考试，在坟前祈梦。梦到坟主让吏卒把他绑了，说："这是恶人，把他的心拿去。"儒士吓醒，认为不祥。不久中举，见匾额上有"亚魁"二字，这才领悟"恶"字去掉"心"为"亚"字。

一妇人居家过日子，丈夫长时间作客不归。一天夜里，妇人梦到两人夹着一根大木头。卜者说："两人夹木头，这不是'来'字吗？你的丈夫最近就会回来。"不久果然如此。

一人梦到风吹蒻笠溪边飘，占者说：“蒻笠飘在水畔，这无疑是‘泣’字。”果然有父母双亡的变故。

一人梦到靴匠倚着石头，不知什么意思。占着说：“靴匠就是制‘皮’工匠，‘皮’旁有‘石’，这是‘破’字。”不久家败萧条，家人四散。

一人幼年时常常梦到小池塘里有四条鱼，占者说：“一水四鱼，这是‘鳏’字。”这人到老孤独一人。

谐部：半杂诙谐，可以发人慧，可以广人思

是仪，字子羽，北海营陵人。本姓氏。起初为县里的役吏，后在郡里任职。太守孔融嘲笑是仪，说：“‘氏’字，是‘民’无上，可改为‘是’。”于是便改了姓。

鲍照有“井”字谜说：“一八五八，飞泉仰流。”“仰流”，指的是垂绳打水上来，所以称之为“仰流”。“一八”，指“井”字有八个角。“五八”，指将“井”字拆成四份，就变成四个“十”；四十，就是“五八”。另外，“井”字谜又作“四十，八个头”。

京兆尹看望苏瑰，离开后，苏瑰让儿子苏颋以诗描述“尹”字。苏颋应声说：“‘丑’虽有足，‘甲’不成身。见‘君’无口，知‘伊’少人。”

唐朝的甘洽与王仙客关系很好，于是以姓相嘲弄。甘洽说：“王，想来你应当姓‘田’，因为你很无赖，所以抽掉你的两边。”王仙客应声说：“甘，想来你应当姓‘丹’，因为你的头不会打弯，所以把你的脚安到了上边。”

王安戏作谜语:“画时圆，写时方，冬时短，夏时长。”王安石又解释说:“东海有一鱼，无头又无尾，更除脊梁骨，便是两个谜。”（“日”字）

王安石设谜:“四个口，尽皆方，十字在中央，不能说是‘田’字,也不能当成‘器’字商量。”（“图（圖）”字）

刘攽与王安石是老熟人，王安石戏折刘攽的名字说:“刘攽不值‘分文’。”刘也折王的名字说:“‘安石’二字，没有‘女’便成了‘宕’;没有‘宀’就成了‘妒’;‘安’‘石’连笔相交，与‘真如’二字相混淆;上部很容易让人认成‘宁’字。”王安石很惭愧。又，刘攽嘲笑王觌:“你为什么要‘见卖’自己呢?”王说:“如果卖你，那就‘分文’不值了。”

陈亚自制“亚”字谜:“如果有‘口’便‘哑’，还要无‘心’为‘恶’。中间全没肝肠,外面棱角丛生。”

一月又一月，两月各半边。一山又一山，三山都倒悬。上有可耕的田地，下有长流的大川。六口共居一室，两口不得团圆。（“用”字）

世俗善于戏谑的人，多是折字制谜，可大部分缺乏文理，不值得称道。以往同僚闲聊，说到“俭（儉）”字谜：“一人立，三人坐，两人小，一人大，其中更有一二口，教我如何过？”意思简洁明了。真正善于戏谑又能令人受益，不只是有助谈话这么简单，所以记录下来。

张义，延平（福建南平）人，年少有才华，进入太学后有声名。这人身材矮小却喜欢表现，同屋的人大多不服气。莆田林叔弓用张义的名字写诗赋各一首，加以嘲讽。赋里有“身体短小，与曹交差着六尺的身高。腹中空虚，比刘义少着一点文墨”这样的句子。诗写道：“身分爻两段，风使十横斜。文上原无分，人前强出些。”形容得很好。

从前传下来的对联，如：“海晏河清，王有四方当作国；天寒地冻，水无一点不成冰。”“笑指深林，一犬低眠竹下；闲看幽户，孤木独立门中。”“八刀分米粉，千里重金钟。”都是天然巧合，很有些意趣、才思。

归安（浙江湖州）沈筠溪，20岁成为生员，与弟弟一起进城。当归风雨骤降，他们到陈方伯兄弟府上避雨。陈方伯戏弄说：“大雨沉沉，二沈伸头不出。”沈筠溪应声回答：“狂风阵阵，两陈摇摆不开。”可以说是巧妙绝伦。

苏郡蒋涛善于对对子，如“冻雨洒窗，东两点，西三点；切糕分客，上七刀，下八刀。”真是绝对。

说部：非离合之义弗载

《周易》将“無”全都写为“无”。王述说：“天于西北蜷曲，叫作‘无’。因为东南好像春夏，阳气伸张，所以万物繁荣。西北好像秋冬，阳气蜷曲，所以万物老死，老死便没有了。”

宋朝张有以善写小篆而闻名，曾说：“‘心’字的篆文，就是一个倒写的‘火’字呀。因为‘心’，就是‘火’。不想让火炎盛向上，一定要将它包裹起来。”

一天，叶仲子谈论造字的精妙，说到“疾病”二字：“这两个字从‘丙’从‘矢’，说的是‘丙’燥‘矢’急。有了燥与急，疾病就产生了。”

参元朱子说：“‘病’字从丙。丙，就是火，百病都从火上生。‘病’字里面的‘丙’固然是火，外边两点则属水，内里火盛而外面水少，并且两相隔绝，所以人会生病。水火平衡，自然就不会得病了。”

附录三

奚囊寸锦

（节录）

《奚囊寸锦》，四卷（图三卷，读法一卷），清·张潮编。

张潮（1650 ~ 约 1709），字山来，号心斋居士，安徽省黄山市歙县人。屡试不第，因而闭门著书，先后辑成《檀几丛书》《昭代丛书》等中大型丛书。而以《虞初新志》为最著。

《奚囊寸锦》是一部益智之书。由一百幅以文字组成的图案构成，通过一定的规律进行解读，可以得出五七言诗、长短句、小调曲子。其中用到的方法包括离合、拆分、重叠等。解读这些文字图案，实际上可以起到现解汉字属性、锤炼文字、开发智力的作用。

汉字不同于其他文字，主要表现在它所包含的内容的丰富性。从一点一划，一个偏旁部件，及由之组成的一个字，都有各自的含义。要想了解这些内容，必须要先要了解汉字的属性。而阅读类似《说文解字》一类著作，对人们来说是困难的。《奚囊寸锦》恰好提供了一个方法，通过引起读者的好奇心，进而对文字本身产生兴趣。一旦注意力集中到文字，便打开了通向中国传统文化的大门。

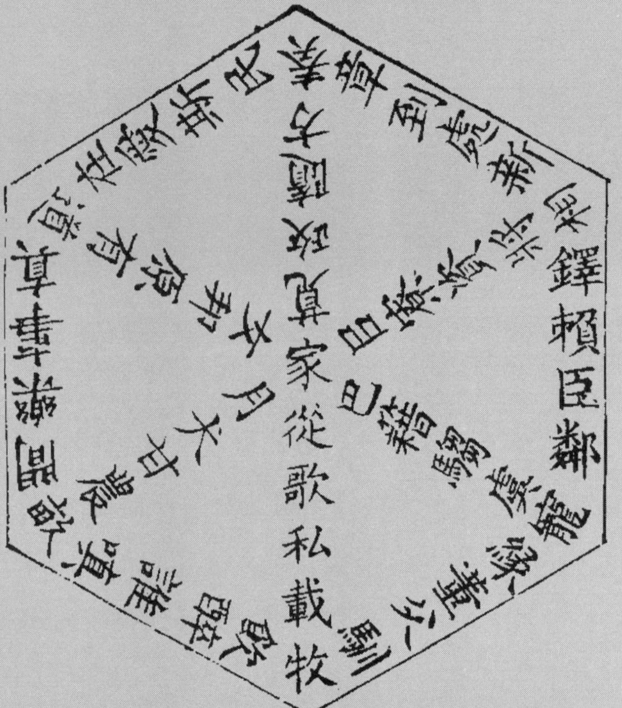

六合一家

五言排律一首。“家”字居中，上三行每句首字俱加“家”字上半之“宀”读；下三行每句首字俱加“家”字下半之“豕”字读，每行次句分上句尾半字为首字。“安邦”读起。

五言律

安邦原有道，首在爱斯民。
宽政随方奏，天章到处新。
官寮资将相，木铎赖臣邻。
豝藉驺虞宠，龙缘董父训。①
豵歌私载牧，牛饮醉谁嗔。②
豚犬甘农亩，田间乐事真。

---

① 豝（bā）：母猪。驺（zōu）虞：传说中的一种仁兽，不食生物。又指古代掌管鸟兽的官吏。此句典出《国风·召南·驺虞》。董父：古时善畜龙的人。

② 豵（zōng）：公猪。

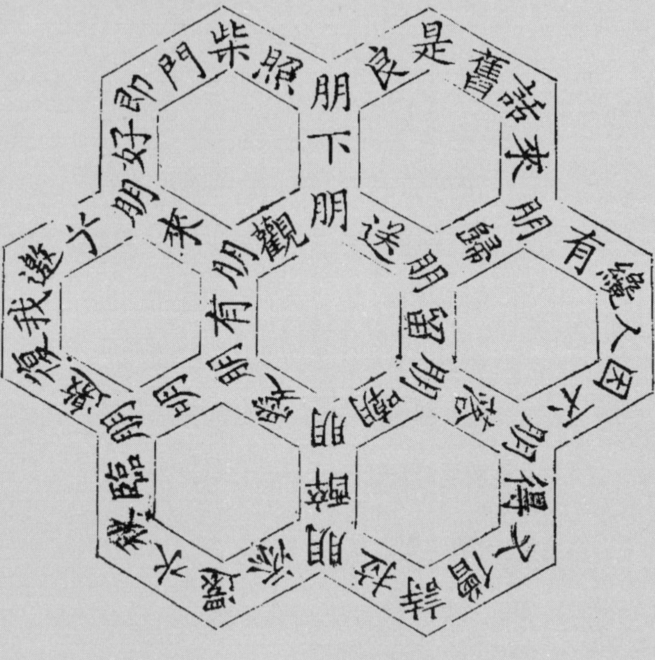

百朋九锡

外层七言小律一首，“月照柴门”起。内五言小律一首，“月下朋观”起。前句尾字即次句首字，朋字或读全作朋，或读半字作月，俱随读句文理所宜。其读作朋字者凡九处，故名九锡，不读朋字者字形稍开。

七言小律（独木桥体）

月照柴门即好朋，
朋兮邀我复邀朋。
月临秋水还添月，
朋拉诗僧又得朋。
月不因人才有月，
朋来话旧是良朋。

五言小律（同）

月下朋观月，
朋来月有朋。
月明朋爱月，
朋醉月嘲朋。
月落朋留月，
朋归月送朋。

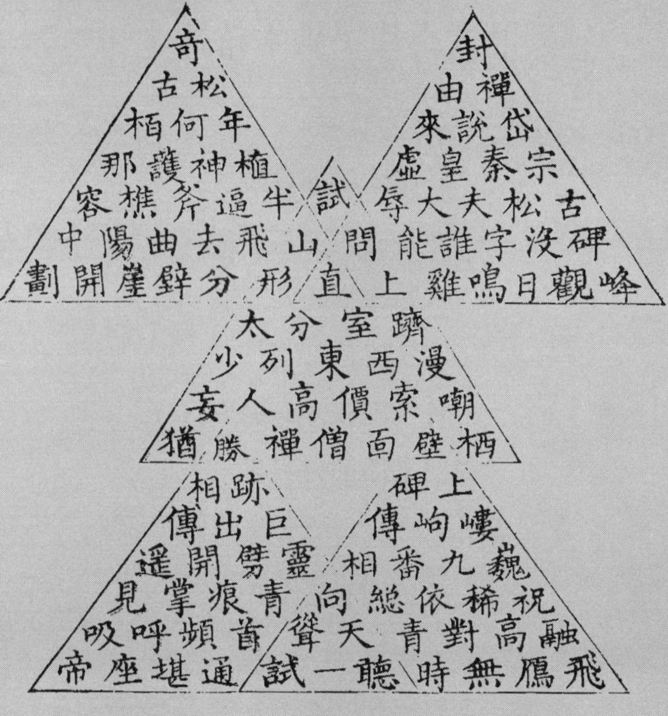

五岳游

每岳各七言绝句一首，山尖读起。交搭处俱彼此互相借读。

七言绝五首

东岳泰山

封禅由来说岱宗，秦皇虚辱大夫松。
古碑没字谁能问，直上鸡鸣日观峰。

北岳恒山

奇松古柏何年植，神护那容樵斧逼。
半山飞去曲阳中，划开崖壁分形直。

中岳嵩山

试问山形直上跻，室分太少列东西。
漫嘲索价高人妄，犹胜禅僧面壁栖。

南岳衡山

壁上碑传岣嵝巍[①]，九番相向总依稀。
祝融高对青天耸，试一听时无雁飞。

西岳华山

胜迹相传出巨灵[②]，劈开遥见掌痕青。
向天耸首频呼吸，帝座堪通试一听。

---

① 岣嵝（gǒu lǒu）：此处代指南岳衡山。又有岣嵝峰，为衡山72峰之一。

② 巨灵：传说中劈开华山的河神。

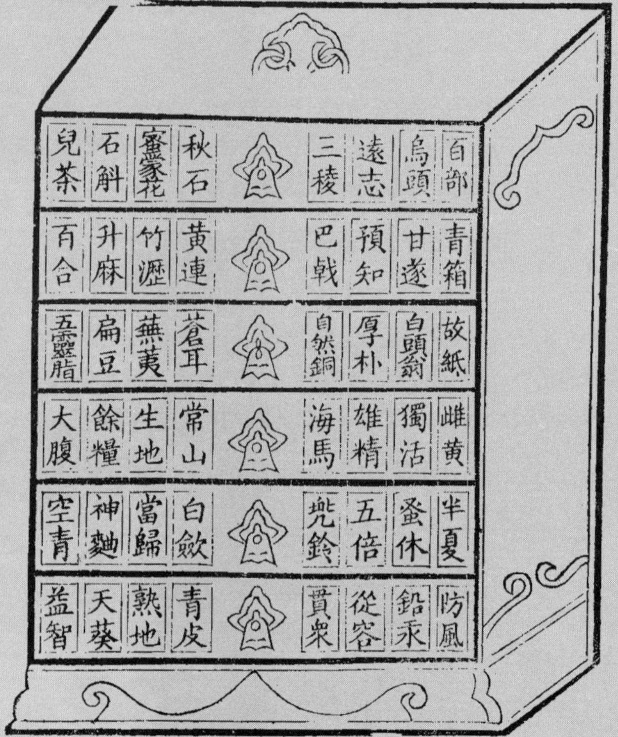

药囊

《西江月》二首，俱集药名，并无闲字。

西江月

一

百部青箱故纸，雌黄半夏防风。乌头甘遂白头翁，独活蚤休铅汞。

远志预知厚朴，雄精五倍从容。三棱巴戟自然铜，海马兜铃贯众。

二

秋石黄连苍耳，常山白敛青皮。密蒙花竹沥芜荑，生地当归熟地。

石斛升麻扁豆，余粮神曲天葵。儿茶百合五灵子，大腹空青益智。

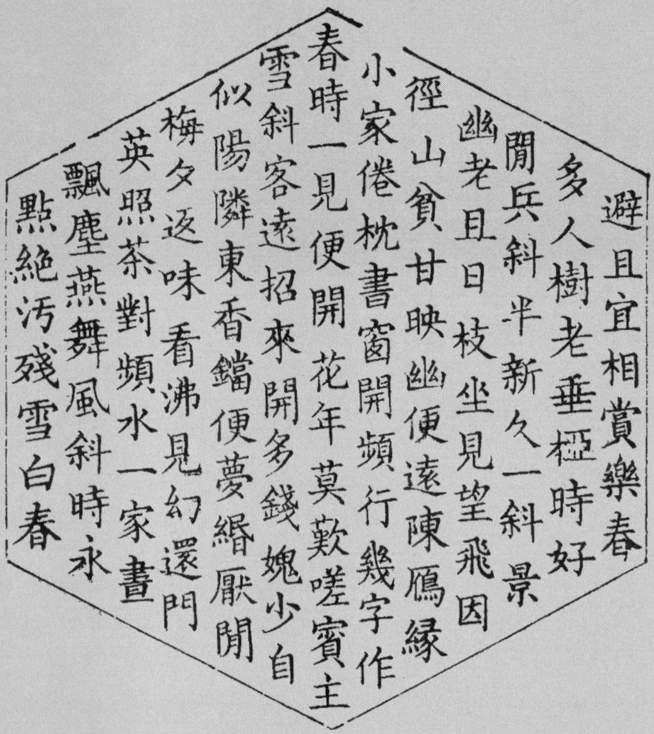

七言绝句。“花”字居中，“花开便见一时春”为首句往外读出，凡六首，俱可回文读。

七言绝

正读（一）

花开便见一时春，小径幽闲多避人。
斜日映窗书枕倦，家山老去且甘贫。

回文

贫甘且去老山家，倦枕书窗映日斜。
人避多闲幽径小，春时一见便开花。

正读（二）

花开便见一时春，雪似梅影飘点尘。
茶味香来招远客，斜阳夕照返东邻。

回文

邻东返照夕阳斜，客远招来香味茶。
尘点飘影梅似雪，春时一见便开花。

正读（三）

花开便见一时春，白雪残污绝点尘。
茶味香来铛沸水，斜风舞燕对看频。

避且宜相賞樂春
多人樹老垂椏時好
閒兵斜半新々一斜景
幽老且日枝坐見望飛因
徑山貧甘映幽便遠陳鴈緣
小家倦枕書窗開頻行幾字作
春時一見便開花年莫歎嗟賓主
雪斜客遠招來開多錢媿少自
似陽隣東香鐺便夢緡厭閒
梅夕返味看沸見幻還門
英照茶對頻水一家畫
飄塵燕舞風斜時永
點絶污殘雪白春

七言绝句。“花”字居中，“花开便见一时春”为首句往外读出，凡六首，俱可回文读。

回文

频看对燕舞风斜，水沸铛来香味茶。
尘点绝污残雪白，春时一见便开花。

正读（四）

花开便见一时春，永昼门闲自主宾。
嗟叹莫年多梦幻，家还厌少愧钱缗。

回文

缗钱愧少厌还家，幻梦多年莫叹嗟。
宾主自闲门昼永，春时一见便开花。

正读（五）

花开便见一时春，好景因缘作主宾。
嗟叹莫年频远望，斜飞雁字几行阵。

回文

阵行几时雁飞斜，望远频年莫叹嗟。
宾主作缘因景好，春时一见便开花。

正读（六）

花开便见一时春，乐赏相宜且避人。
斜日映窗幽坐久，桠垂老树半枝新。

回文

新枝半树老垂桠，久坐幽窗映日斜。
人避且宜相赏乐，春时一见便开花。

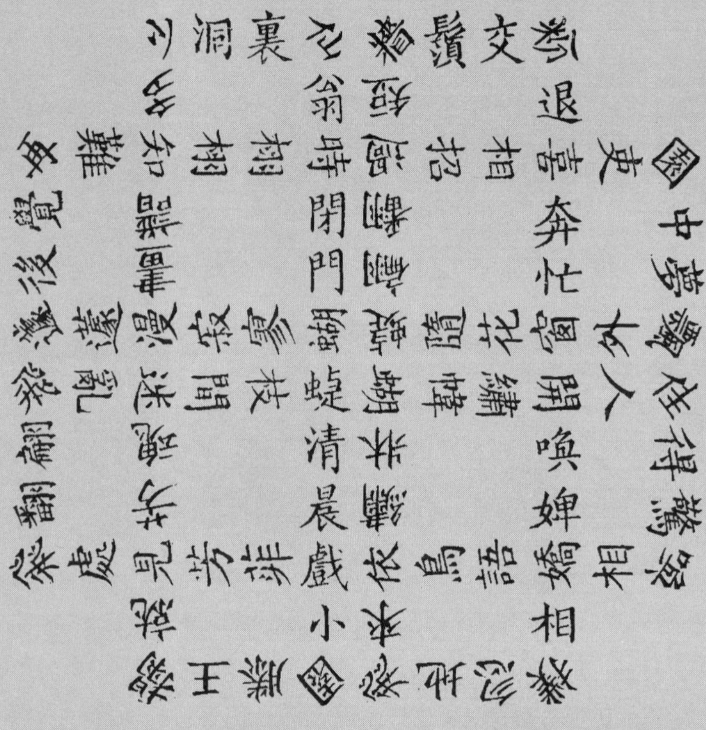

双飞蝴蝶

七言绝句四首。“蝴蝶”二字及相交处俱彼此借读，俱从“蝴蝶读”起。

七言绝

一

蝴蝶随花窗外飘，梦中园吏喜相招。
过时栩栩知难再，觉后蘧蘧[1]漫寂寥。

二

蝴蝶枝间迷乱飞，翩翩飞处见芳菲。
戏依鸟语娇相唤，惊得佳人开绣帏。

三

蝴蝶清晨戏小园，滕王榻就见芳魂。
迷漫画谱知多少，洞里仙翁时闭门。

四

蝴蝶翩翩过短墙，须交粉退喜奔忙。
窗开唤婢娇相扑，忽地飞来依绣床。

---

① 蘧蘧（qú）：惊喜的样子。

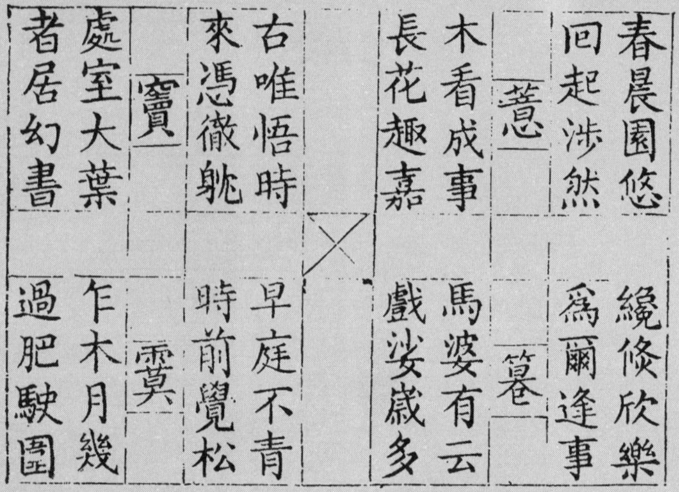

蜂腰（二）

五言绝句四首，中四字每字分做四层，每句第三字串入一层，横读，“春回草木”起。

五言绝

一

春回草木长，晨起立看花。
园涉日成趣，悠然心事嘉。

二

才为竹马戏，倏尔日婆娑。
欣逢大有岁，乐事已云多。

三

古来穴处者，唯凭土室居。
悟彻四大幻，时耽贝叶书。

四

早时雨乍过，庭前草木肥。
不觉日月驶，青松大几围。

六根清净

六言古风一首，交搭处彼此借读。六根者，眼、耳、鼻、舌、身、意。

古风

眼光出牛背上，向人青白昭然。
耳畔松风堪听，肯容鄙俗喧阗。
鼻观古香清绝，当前无复腥膻。
舌本辩才无碍，何来背谬三愆。
身老尚留清鬓，逍遥堪比神仙。
意中久消鄙吝，抗怀[1]清雅狂颠。

---

① 抗怀：坚守高远情怀。

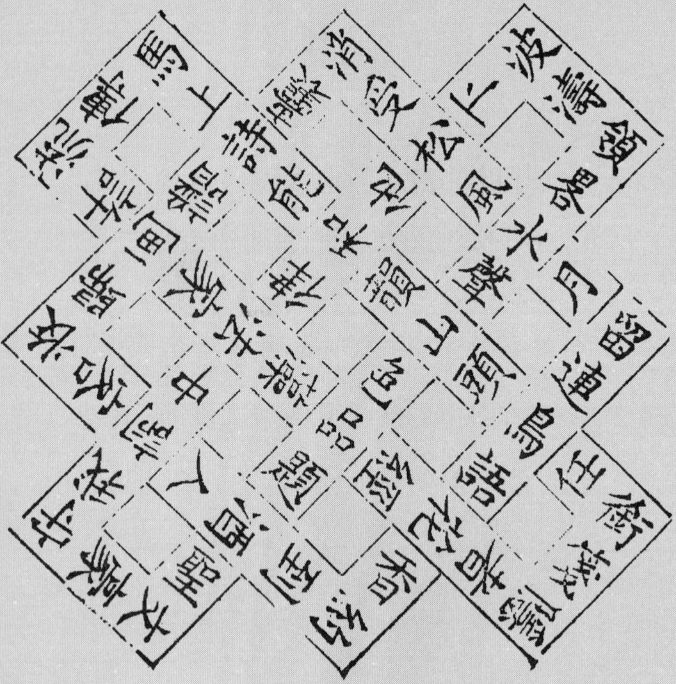

斜纹锦

六言绝句三首，交搭处彼此借读。

六言绝

一

消受松风水月，留连鸟语花香。
约到酒人词客，收归画谱诗囊。

二

领略水声山色，品题酒圣文豪。
守我词中法律，和他松下波涛。

三

马上诗能和韵，山头鸟任衔笺。
隐者花径品藻，法家画诗流传。

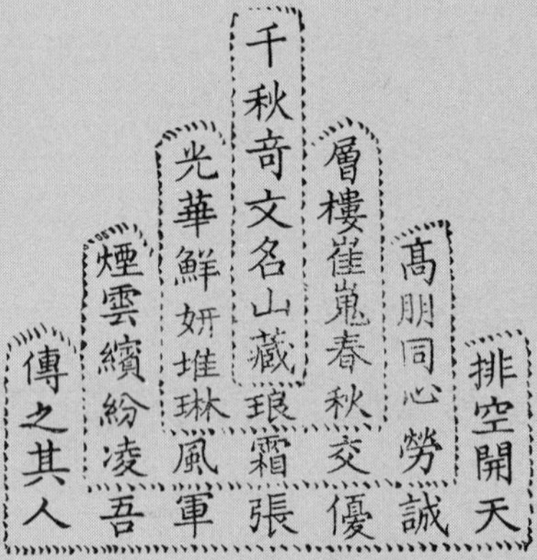

七平诗一首。中峰读起，一右一左挨次读，每两句韵脚合成一字。右边者读半字，左边者读全字。

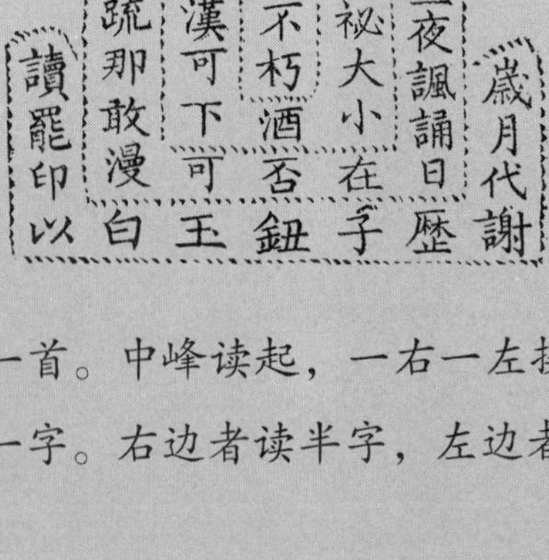

七仄诗一首。中峰读起，一右一左挨次读，每两句韵脚合成一字。右边者读半字，左边者读全字。

七平诗

千秋奇文名山藏，层楼崔嵬春秋良。
光华鲜妍堆琳琅，高朋同心劳交相。
烟云缤纷凌风霜，排空开天诚优长。
传之其人吾军张。

七仄诗

太上立德本不朽，典册复秘大小酉。
匪独史汉可下酒，昼夜讽诵日在口。
注疏那敢漫可否，岁月代谢历子丑。
读罢印以白玉钮。

百里封

《浣溪沙》二首，俱用县名，并无闲字。“日照蓬莱”起。

浣溪沙（集县名）

一

日照蓬莱蔚赤城，江山巩固始和平，万年长乐获嘉荣。
清苑莱芜新野密，上林桐柏玉田成，寿阳将乐费乌程。

二

灵寿仙居贵永年，曲江溆浦灌蓝田，会同高苑贺桃源。
天柱璠山环巨野，石门秀水汲甘泉，大名徐庆冠平原。

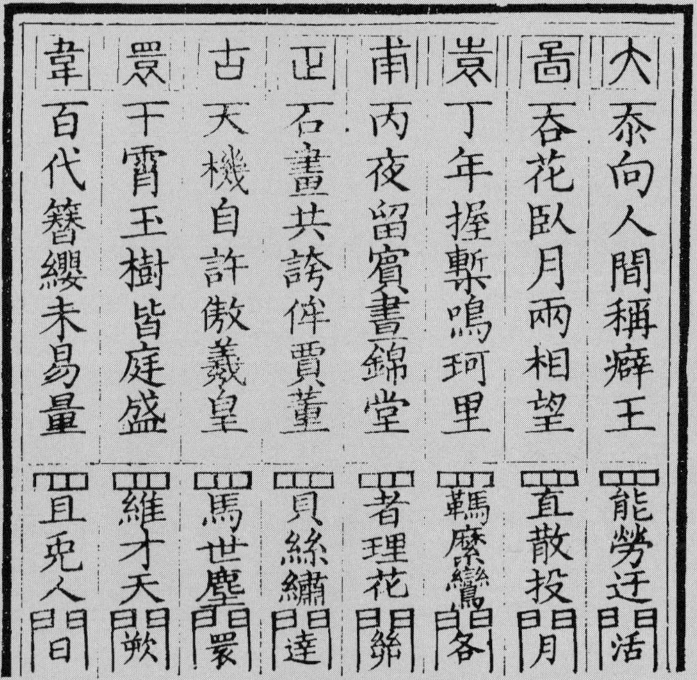
泰向人間稱癖王
吞花臥月兩相望
丁年握槧鳴珂里
丙夜留賓書錦堂
石畫共誇侔賈董
天機自許傲羲皇
干霄玉樹皆庭盛
百代簪纓未易量

锦屏

中七言律一首，上下俱平如线。顶四言二句，下四言八句，□及四字形象屏顶及腰雕纹，下门字象屏脚。

七言律

忝向人间称癖王，吞花卧月两相望。
丁年握渐鸣珂里，丙夜留宾画锦堂。
石画共夸侔贾董，天机自许傲羲皇。
干霄玉树皆庭盛，百代簪缨未易量。

四言

一

因图园圃，囸[1]固圜围。

二

罢劳迁阔，置散投闲。
羁縻鸾阁，署理花关。
买丝绣闼，骂世尘圜。
罗才天阙，罝[2]兔人间。

---

① 囸：“日”异体字。
② 罝（jū）：捕兔网。

鯉斷鴻稀真箇是
足音空谷思我
友推襟送抱其人如
玉落月屋梁繚繞
白暮雲春樹參差
綠憶
高齋尊酒共論文情
交篤
君已達膺
多福僕漸老甘幽獨
嘆
仙凡異地敢云相逐
天上貴人能念舊山中
驛使催裁牘媿荒
函臨頴更神馳
名心肅

尺素书

满江红一首。

满江红

鲤断鸿稀，真个是，足音空谷。思我友，推襟送抱，其人如玉，落月屋梁缭绕白，暮云春树参差绿。忆高斋，尊酒共论文，情交笃。

君已达，膺多福。仆渐老，甘幽独。叹仙凡，异地敢云相逐。天上贵人能念旧，山中驿史催裁牍。愧荒函，临颖更神驰，名心肃。

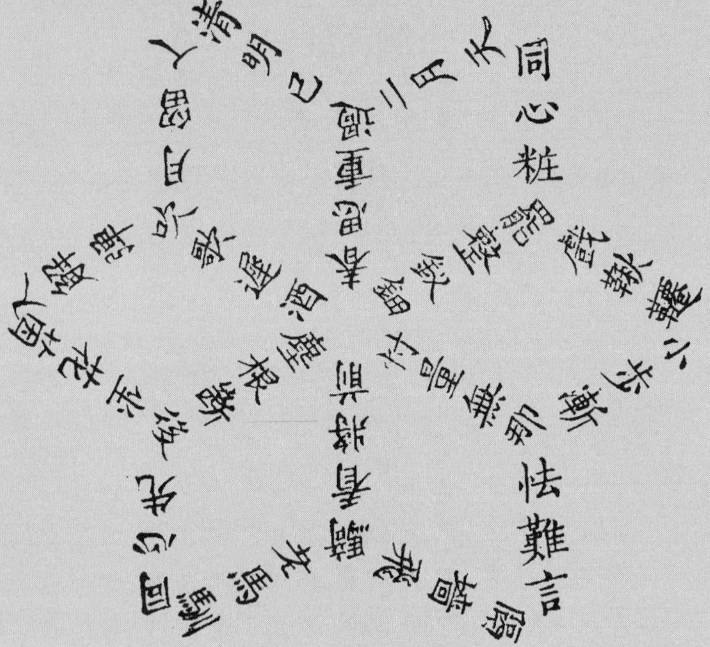

同心栀子

《浣溪沙》二阕，半句回文，“春思重”读起。

浣溪沙

一

春思重过二月天，同心妆罢整钗钿，钗钿整罢戏秋千。

小步渐那无量忖，忖量无那怯难言，隔墙飞骑看将前。

二

前将看骑老马训，同心先后断根尘，尘根断后坐花茵。

人解弹吹歌迟久，久迟歌吹月留人，清明已过重思春。

八节长欢

四言诗一首。“春、夏、秋、冬”四字，每一字读三遍，象每季三个月；每季各一立字，“春秋”各一“分”字，“冬夏”各一“至”字。“勾芒”读起。

四言诗

勾芒[①]司令，春日载阳。立幡苑东，春花吐芳。
分香逞艳，春柳书堂。薰风南来，夏木千章。
立表测影，夏昼舒长。至北窗卧，夏月羲皇。
金风淅淅，秋露瀼瀼[②]。立而望之，秋月增光。
分畦种菊，秋花则黄。日短星昴，冬宜闭藏。
立雪侍师，冬则饮汤。至于除夕，冬尽年光。

---

① 勾芒：神话中的春神。
② 瀼瀼（ráng）：露水很大的样子。

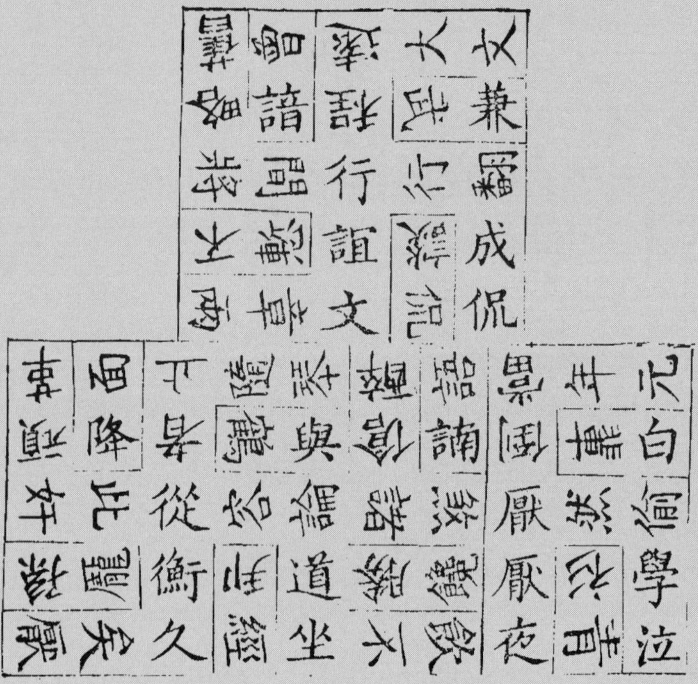

四面归心

七言绝句三首，俱以中心一字为句首读，尾俱钩向内。

七言绝

一

行谊文章两不惭，行间将略旧曾谙。
行程远大文兼武，行行翻成侃侃谈。

二

厌厌夜饮不胜馋，厌煞诸伧醉语諵[①]。
厌到当年元白[②]辈，厌然偷学湿青衫。

三

从横久矣厌孙庞[③]，从此奸顽革面降。
从者止随琴与鹤，从容论道坐经邦。

---

① 諵（nán）：同“喃”。象声词，不断地小声唠叨的声音。

② 元白：中唐诗人元稹、白居易。诗风重写实，尚通俗。

③ 孙庞：孙膑和庞涓的并称。二人曾同学兵法。孙庞斗智，庞涓败，于马陵自刎而死。

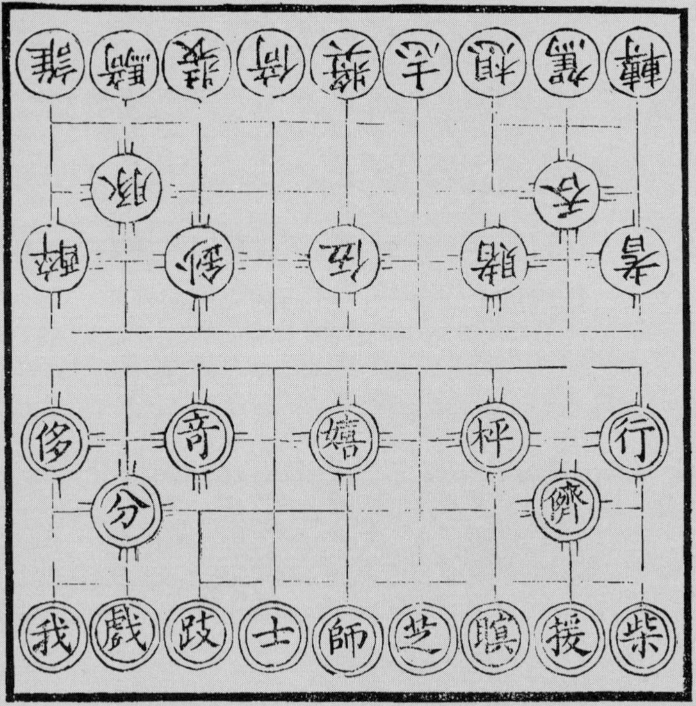

三言诗八首。一字为一句，离合读，或先合复离，或先离后合，各随文意所宜。兵卒路起，次炮路，次车马路，对河相对读。

三言诗

耆老曰，彳亍行。赌者贝，平木枰。

五人伍，喜女嬉。少金钞，大可奇。

卒酉醉，侈多人，豚豕月，八刀分。

吞天口，齐人侪。专车转，此木柴。

加马驾，爰手援。相心想，冥目瞑。

志士心，草之芝，将大奖，一帅师。

倚奇人，十一士，壮衣装，支足跂。

骑奇马，戏虚戈。谁佳言，我口哦。

四美具

十七字诗四首，内交互处为“良辰、美景”，外交互处为“赏心、乐事”，彼此借读，“良”字起。

十七字诗

一

良友佳辰至，同心臭味滋。此中有真乐，谁知。

二

景好坐良宵，欣赏奇文处。吾侪多素心，佳趣。

三

美名真景慕，世事不相关。试问谁相赏，青山。

四

辰兴睹美人，所乐惟篇章。谁缔丝萝事，才郎。

五官并用

七言排律一首。“便给”起，交搭处彼此互用，前后平仄两音。

七言律

便给无情不尽辞，偶然侧耳便详知。
从容问答同人服，婉转谈言从者怡。
数墨已看千首牍，寻章顿阅数家诗。
兴怀霹雳名何丑，举手风霜兴未疲。
应是此心通造化，冥搜默契应机宜。

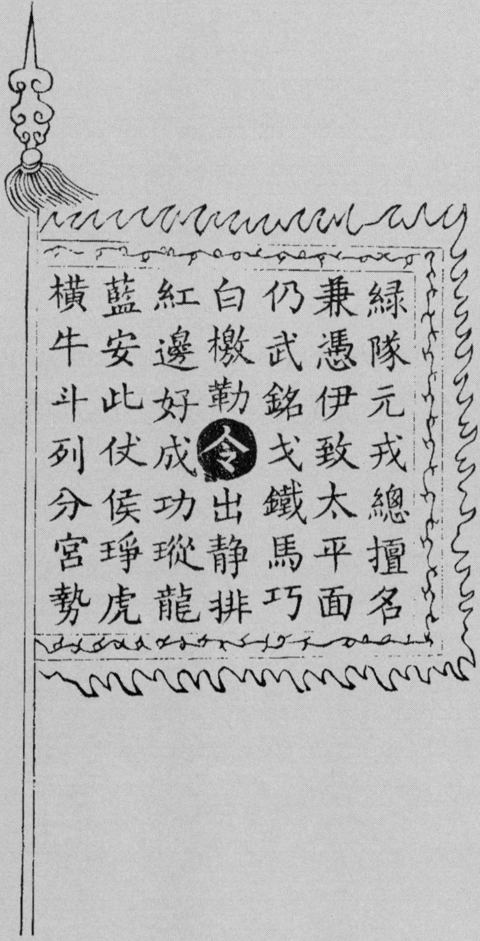

令旗

七言律一首，藏头拆字，顶针旋读，“令出功成”起。

七言律

令出功成好勒铭，金戈铁马静纵琤。
王侯仗此安边檄，文武凭伊致太平。
十面巧排龙虎势，九宫分列斗牛横。
黄蓝红白仍兼绿，小队元戎总擅名。

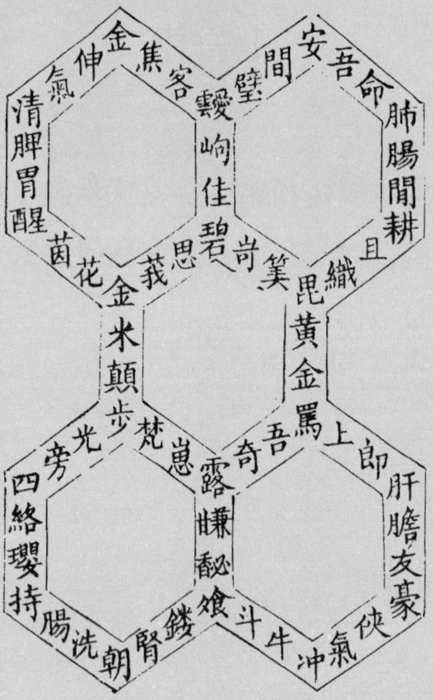

五脏六腑

三言诗五首，各六句。凡五围，围各六面，俱从上尖读起。“心肝脾肺肾”每首一脏，其六腑在上下两旁，内有二“肠”字象大小肠，“旁光”二字借用，“碧、露”二字每字分做三字用，“碧”上二下一，“露”上一下二。中行其他六字左右分读，中圈斜十二字上下分读。

三言诗[1]

一

安吾命，肺肠闲。耕且织，田竹山。白圭句，爱璧间。

二

金焦客，云山人。玉田草，金花茵。醒胃脾，清气伸。

三

石可弄，此黄金。四五六，雨山林。止颠米，一我心。

四

马上郎，肝胆友。豪侠气，冲牛斗。食必兼，各可口。

五

少凡思，足甘香。夕镂肾，朝洗肠。持璎络，四旁光。

---

① 五脏：心肝脾肺肾。六腑：胆、胃、大肠、小肠、三焦、膀胱。